ZONE

DU MÊME AUTEUR

THÉÂTRE

Un simple soldat, Éditions de l'Homme, 1967
Bilan, Leméac, 1968
Les beaux dimanches, Leméac, 1968
Au retour des oies blanches, Leméac, 1969
Pauvre amour, Leméac, 1969
Le temps des lilas, Leméac, 1969
Le coup de l'étrier suivi de *Avant de t'en aller,* Leméac, 1970
Florence, Leméac, 1970
Entre midi et soir, Leméac, 1971
Le naufragé, Leméac, 1971
Un matin comme les autres, Leméac, 1971
L'échéance du vendredi suivi de *Paradis perdu,* Leméac, 1972
La cellule, Leméac, 1973
De l'autre côté du mur suivi de *Cinq courtes pièces,* Leméac, 1973
Jérémie, Leméac, 1973
Manuel, Leméac, 1973
Médée, Leméac, 1973
Virginie, Leméac, 1974
L'été s'appelle Julie, Leméac, 1975
Octobre, Leméac, 1977
Le réformiste ou L'honneur des hommes, Leméac, 1977
L'impromptu de Québec ou Le testament, Leméac, 1979
L'Amérique à sec, Leméac, 1986

En collaboration avec Jean Barbeau

Dites-le avec des fleurs, Leméac, 1976

En collaboration avec Louis-Georges Carrier

Hold-Up !, Leméac, 1969

POÉSIE

Poèmes de sable, Leméac, 1974

TEXTES ET RÉCITS DIVERS

La tragédie est un acte de foi, Leméac, 1973
Textes et documents, Leméac, 1973
Andrée Lachapelle entre ciel et terre, Éditions Mnémosyne, 1995
Yoko ou Le retour à Melbourne, Leméac, 2000

ŒUVRES SUR L'ART

Jean Paul Lemieux et le livre, Art Global, 1988
André Pitre. Poèmes de Marcel Dubé, Art Global, 2005

MARCEL DUBÉ

ZONE

Pièce en trois actes

Nouvelle présentation

LEMÉAC

Ouvrage publié sous la direction de
Diane Pavlovic

Leméac Éditeur reconnaît l'aide financière du gouvernement du Canada par l'entremise du Fonds du livre du Canada pour ses activités d'édition et remercie le Conseil des arts du Canada, la Société de développement des entreprises culturelles du Québec (SODEC) et le Programme de crédit d'impôt pour l'édition de livres du Québec (Gestion SODEC) du soutien accordé à son programme de publication.

ISBN 978-2-7609-0438-5

4609, rue D'Iberville, 1er étage, Montréal (Québec) H2H 2L9
Dépôt légal – Bibliothèque et Archives nationales du Québec, 1969

Imprimé au Canada

Introduction

Le temps humain n'a qu'une fonction : passer jusqu'à ce qu'il arrive à terme. Et plus on avance en âge, plus vite il s'effrite. Le seul moyen de détourner provisoirement sa course consiste à faire intervenir notre mémoire en opérant des retours dans le passé. Mais quand on a recours à ce stratagème, il faut parfois en payer le prix – celui d'être atteint d'une blessure profonde que peuvent créer la nostalgie et les regrets qui s'ensuivent –, c'est-à-dire supporter le sentiment d'impuissance qui nous assaille de ne pouvoir revivre, dans la réalité, les moments heureux et uniques qu'on se rappelle.

Il se peut aussi que la reconstitution qu'on en fait soit confuse, comme ces images et ces pensées qui nous apparaissent si lumineuses et si inspirantes la nuit, quand le sommeil se refuse, mais qui, le jour venu, nous reviennent infidèles et altérées.

C'est en tenant compte de ces périls qu'il m'arrive à l'occasion de me remémorer une période particulière de mon lointain passé pour retracer un événement qui, me semble-t-il, fut, par ses répercussions, le déclencheur d'une remise en cause de mon parcours et d'impulsions créatrices pour le modifier. Je ferai donc appel à ma mémoire afin de retourner à une époque où, dans des circonstances hasardeuses et particulières, je fus amené à faire un choix qui eut des conséquences imparables.

Je parle d'un temps difficile alors, mais ses résonances font le bruit de choses qui refusent de s'endormir.

Préface

Novembre 1952

Nous habitions alors une rue en cul-de-sac et en chantier, dont la limite se situait à quelque trente mètres de la maison familiale. En guise de voie transversale, il n'y avait qu'un bout de chemin de terre, le long duquel se trouvaient des installations et de la machinerie de la voirie.

Au-delà, en direction nord, s'étendait un immense terrain vague couvert de ronces, d'herbe à poux, et aussi parsemé de quenouilles, là où le sol restait humide.

Au loin, l'horizon se heurtait à une voie ferrée rectiligne s'étirant d'est en ouest, étagée sur un talus de terre et de roches. Des trains y passaient selon des horaires déterminés. Le soir venu, de ma chambre, j'écoutais le roulement cadencé des wagons sur les rails, comme autrefois, à une époque antérieure, dans un autre quartier, je me réveillais la nuit lorsque me parvenait le bruit des trains des abattoirs de la rue D'Iberville. Ceux qui passaient au nord de Saint-Denis me fascinaient. Au contraire de ce qu'est le temps, qui ne revient jamais, les trains repassent dans un sens ou dans un autre. Ils font aussi des arrêts dans les gares où des gens partent ou reviennent.

C'était l'automne, j'avais vingt-deux ans.

Lorsqu'il pleuvait, il se formait des ornières de vase dans la chaussée qui n'était pas encore pavée ; les trottoirs n'existaient pas, et le chemin boueux menait jusqu'au ras de la porte d'entrée de la maison. Une maison que personne n'avait jamais habitée avant nous. Mon père en avait fait l'achat alors qu'elle était en construction. C'était l'un des rêves qui lui étaient chers. S'il y en avait un autre qu'il chérissait aussi, c'était de voir ses enfants « faire quelque chose de leur vie ». Et je me sentais concerné.

La maison comportait un demi-sous-sol où se trouvait ma chambre, un rez-de-chaussée surélevé et un logement à l'étage, loué à un couple d'adultes d'un certain âge, très discrets et que nous estimions.

Dans ce décor, nouvel environnement intérieur et extérieur, j'allais et venais sans rien faire d'autre que d'observer et de m'acclimater. Lorsque je quittais ma chambre, c'était pour monter le petit escalier jusqu'au palier du logis familial, principalement à la cuisine, et y prendre mes repas.

Ma mère, bien sûr, s'y trouvait toujours, telle que je la voyais depuis le jour où j'ai pris conscience que je vivais, mettant la table avec soin et, silencieuse, déposant devant chacun de nous des plats toujours appétissants. Le midi, exceptionnellement, il n'y avait que moi et mon tout petit frère, âgé de quatre ans, à servir, ce qui fait qu'elle pouvait s'attabler et dîner avec nous.

Les autres – mon père, mes frères et sœurs – étaient retenus à leur travail ou aux études. Pendant que je racontais des histoires pour amuser mon petit frère, ma mère semblait écouter, mais son regard vague était ailleurs. Elle aussi, comme moi, essayait de s'adapter au nouveau décor de sa vie, et je sais aujourd'hui qu'elle avait trouvé la transition très difficile, jusqu'à en être sérieusement malade pendant un certain temps, mais sans vraiment le laisser voir.

Il m'arrivait très souvent de sortir, d'aller marcher dans ce bout de rue accessible et de m'en éloigner par le chemin de traverse de la voirie. J'étais à la recherche, en quête de quelque chose qui m'échappait, ou plutôt, face à un écueil qui m'était connu et que je tentais encore de contourner. Je pense en ce moment à ces vers de Sylvain Garneau, poète dans la vingtaine, qui fut trouvé mort un jour avec deux balles dans la tête :

Ce dont j'ai peur c'est qu'un jour vienne
Où le désir m'empoigne au cœur

De laisser fuir jours et semaines
En écoutant pousser les fleurs[1].

Voilà justement la chose que je refusais de m'avouer : je ne pouvais plus me permettre de rêver. Il me fallait plutôt penser à m'ancrer quelque part dans la vie. Au cours de mes huit ans d'études collégiales, depuis les éléments latins jusqu'à la fin de ma deuxième année de philosophie, j'avais développé une affection compulsive pour la poésie et toute autre forme de littérature, et j'avais écrit une centaine de poèmes. Les vacances d'été venues, je les rassemblais et j'en faisais, d'une façon artisanale, des recueils. De ces trois livres que j'avais ainsi fabriqués, il n'en reste que deux, l'autre ayant disparu. Un seul de ces poèmes a été publié. On y trouve ces vers que je pouvais mémoriser :

Le soir est un ruisseau où s'insinue l'angoisse…
L'amour est la pensée du sommeil des oiseaux…
Les oiseaux sont des cœurs qui se sont envolés…
Les enfants sont des oiseaux de lumière et de nuit…
Les enfants sont des chagrins d'amour.

Ils me revenaient en tête parce qu'ils traduisaient un certain sentiment de tendresse mêlée de mélancolie à l'égard de la vie.

Je n'avais aucune prétention quant au talent d'écrivain que je pouvais avoir. Je n'entretenais aucun espoir d'être un jour publiquement reconnu comme poète, ayant compris qu'on ne devient pas poète parce qu'on a éprouvé des peines d'amour d'adolescent et qu'on a cru avoir l'âme de Musset ou de Lamartine, qui, eux, ont vraiment exprimé la douleur de vivre et d'aimer. On ne sait pas encore ce qu'est la passion. On ne sait pas non plus ce que c'est que de simplement aimer et que cela demande avant tout la capacité de s'oublier.

---

1. Sylvain GARNEAU, *Objets trouvés*, Montréal, Éditions de Malte, 1951.

L'éloignement de mes amis rendait ma solitude croissante. Je marchais pour essayer de me perdre et je me perdais aussi, mais dans les replis de mon évasion.

C'était le mois de novembre qui commençait, et j'avais vingt-deux ans.

L'habitude était prise de m'éloigner de la maison et d'aller marcher longtemps au fil des rues, conscient que la période de transition que je traversais s'étirait vainement.

Le fait de m'être éloigné des centres nerveux de la ville pour vivre désormais en périphérie m'avait aussi fait perdre de vue les points de repère de ma jeunesse. Je sentais que la famille allait bientôt se disperser, qu'il y aurait des mariages, des départs... Je subissais l'effet de l'isolement progressif. Je pensais à mon petit frère, qui n'était qu'un jeune enfant et qui, un jour, en aurait pour longtemps à rester seul.

Je songeais à des issues à ma torpeur, mais elles se refermaient une à une dans un cul-de-sac, dans une nuit et un brouillard qui s'épaississaient.

Dans mes promenades solitaires, j'avançais au rythme cadencé de bribes de poèmes dont les mots me revenaient, lancinants :

Ah je cherchais les hommes dans l'ombre
pour l'appui d'une égale fraternité
[...]
Mais ils ne répondaient pas
Ils fuyaient sous la pluie dans la nuit[2]

Ou encore : *Je marche à côté d'une joie*
D'une joie qui n'est pas à moi[3]

---

2. Alain GRANDBOIS, *Les îles de la nuit*, Montréal, Lucien Parizeau et compagnie, 1944.
3. Hector de Saint-Denys GARNEAU, *Regards et jeux dans l'espace*, Montréal, [s. é.], 1937.

Je me demandais ce qu'était la joie. Et je croyais ne l'avoir connue que dans l'explosion de mes années d'enfance, au cours desquelles j'exultais dans la plus totale inconséquence.

J'éprouvais en même temps le besoin d'avoir un projet. Un projet qui me ferait sortir de ma coquille et qui jaillirait du fond de mes tripes sans autre forme d'analyse. Je cherchais les visages et les paroles de personnages qui seraient les reflets d'une humanité agissante et douloureuse, la réponse au mal de vivre que je ressentais. Mais il me semblait que toute tentative en ce sens était vaine. Je demeurais parfois cloîtré dans ma chambre et je relisais Nelligan (incarcéré en lui-même), Lautréamont (indigeste), Julien Green (*Moïra,* chef-d'œuvre), Jean Genet (*Haute surveillance*, modèle de dialogues percutants, brefs, sans fioritures), Giraudoux (pour l'élégance de son style), Chateaubriand (pour son siècle tourmenté), Baudelaire (pour la beauté quasi absolue et limpide de l'image : « La très chère était nue et, connaissant mon cœur, elle n'avait gardé que ses bijoux sonores[4] ».)

Lorsque j'étouffais de m'être enfermé trop longtemps, j'éprouvais de nouveau le besoin de respirer l'air de la rue. Toute chose étant susceptible de générer et de nourrir une idée stimulante, j'entrepris un jour d'explorer Saint-Alphonse-d'Youville, cette paroisse que je sillonnais de mes pas et qui restait hypothétique.

Au nord de Crémazie, le quartier et les rues parallèles à Saint-Denis, toujours en friche, s'étaient développés plus rapidement. Vu dans son ensemble, le voisinage présentait un visage sans rides ni cernes autour des yeux. Les enfilades de maisons, les unes aux autres particulièrement semblables, paraissaient inhabitées durant les après-midi d'automne. Il devint alors douteux que Saint-Alphonse m'inspire tout projet qui puisse s'arrimer. Il existait

---

4. Charles BAUDELAIRE, « Les bijoux », *Les fleurs du mal*, Paris, Poulet-Malassis et De Broise, 1857.

pourtant dans mon souvenir d'autres lieux où le temps avait déjà fait son œuvre, une paroisse, disons, qui porte les traces d'un long passé et les cicatrices de ses plaies anciennes.

Souvent, lorsque je revenais sur mes pas avant que le soir ne tombe, je remarquais une immense lueur blanche qui s'élevait dans le ciel noir et bas, au-dessus du terrain vague et de la voie ferrée. « Comme un long linceul traînant à l'Orient[5] », cette lueur me fascinait. Je m'arrêtais près des installations de la voirie et je la contemplais. Elle remuait quelque chose en moi, quelque chose comme un appel.

J'y voyais comme une grande voile déchirée, une percée mystérieuse à travers les nuages, une gigantesque page blanche sur laquelle aucun mot n'était encore écrit ni aucun signe tracé. J'avais un jour décrit cette vision comme une « explosion de magnésium argenté ».

Les yeux embués par cette clarté, ma mémoire éveillée, je voyageais dans mon passé, revoyant mon enfance et les premières années de ma jeunesse, et c'est dans l'un de ces moments que mon projet a commencé à prendre forme.

Il y avait quelque chose d'impérieux dans ma démarche, une décision à prendre, d'un caractère définitif, mais j'en avais raté l'occasion quelques mois auparavant, l'occasion la mieux choisie d'affirmer ce que j'entendais faire de ma vie ; ce que mon père aurait souhaité que je fasse, mais sans me le dire.

* * *

La salle académique de mon collège était bondée : c'était l'un des plus beaux jours de juin et le début des vacances de cette année 1952. Je m'y trouvais parmi les cent autres finissants et les sept cents élèves des classes

5. Charles Baudelaire, « Recueillement », *Les fleurs du mal*, Paris, Poulet-Malassis et De Broise, 1857.

subalternes. Sur la scène, bien assis, s'alignaient les professeurs jésuites, titulaires des cours de notre dernière année, avec au centre le recteur qui présidait la remise des baccalauréats et des rubans. Rubans aux couleurs diverses, qui faisaient foi des orientations universitaires de chacun de nous.

J'étais à la fois ému et tiraillé. La grande majorité de mes camarades avaient opté pour le droit et la médecine ou autres professions libérales. J'étais le seul à choisir la faculté des lettres… comme pis-aller.

Ce n'est pas que je rêvais de devenir écrivain, conscient que je n'en n'avais pas le talent ni le bagage, et qu'une carrière d'écrivain représentait ce qu'il y avait de plus aléatoire à cette époque, mais j'entretenais le faible espoir qu'un jour je puisse enseigner la littérature après avoir obtenu une maîtrise en la matière. Devant cette possibilité, je mettais en doute mes capacités de pédagogue, n'ayant aucune expérience de l'exercice. J'aurais bien aimé pouvoir dire, quant à l'avenir diffus qui m'attendait, et pour ne pas me sentir gêné par ma situation : « L'avenir n'est à personne, l'avenir est à Dieu[6]. »

Un chant montait de la salle. Après avoir reçu nos parchemins, nous nous étions regroupés pour entonner l'hymne d'adieu des finissants de Sainte-Marie, comme cela se faisait depuis plus de cent ans dans le vieux collège.

En vous quittant Ô Vierge pure
Nous vous jurons fidélité
Nous garderons soyez-en sûre
Le souvenir de vos bontés

Le moment était solennel. À l'étage au-dessus de nos têtes se trouvait notre grande chapelle, l'église du Gesù, où chaque fin d'après-midi, les samedis, nous étions rassemblés et nous remplissions la nef entière pour assister

---

6. Victor Hugo, *Les chants du crépuscule*, Paris, Ollendorf, 1909.

à la cérémonie des litanies chantées par le chœur des élèves, qui y mettait beaucoup d'âme. Pendant huit ans, je m'étais laissé toucher par ces psaumes, qui prenaient la forme d'incantations.

* * *

Dans la pénombre de ma chambre, rue Saint-Denis, devant un livre à moitié lu, l'esprit ailleurs, mc parvinrent un soir les échos d'autres chants : le *Dies irae*, le *Requiem* et le *Libera* de la messe des morts, me rappelant le moment où mon grand-père fut conduit à son repos éternel.

La cérémonie avait lieu à l'église Saint-Vincent-de-Paul, là où mon père, ma mère, mes sœurs, la plupart de mes frères et moi avions été baptisés avant d'être précipités dans le cours de la vie.

Vincent de Paul, patron des pauvres de ce monde, était aussi patron de la paroisse où nous avons vécu pendant dix ans. C'est lui qui avait un jour dit à une Fille de la Charité qui souhaitait quc les malheureux dont elle avait soin se montrent plus chaleureux à son endroit: « C'est pour ton amour seul que les pauvres te pardonneront le pain que tu leur donnes. »

Saint-Vincent-de-Paul m'avait beaucoup donné. C'est dans ses rues, ses ruelles, ses arrière-cours, ses hangars, sur les toits des maisons, au-delà des clôtures et des murs, à l'école Champlain, dans le couvent des Sœurs-de-la-Providence que j'ai eu la plus heureuse enfance et aussi la plus débridée.

Né insoumis et primesautier, je n'avais aucune notion de ce que pouvaient être la discipline et l'obéissance, le respect de toute règle étant incompatible avec mes gènes.

Les connaissances que j'avais acquises à l'école et, par la suite, au collège ne faisaient que s'ajouter aux apprentissages improvisés de mon enfance. Elles ne s'y confondent pas, mais elles s'intègrent en moi.

Mon année d'université fut décevante. Je n'avais rien appris que je ne savais déjà, sauf pour ce qui est des cours d'Ernest Gagnon sj. sur l'œuvre du poète Saint-John Perse, que je découvrais avec un étonnement ravi. Je n'avais pas terminé le second semestre ni passé les examens de fin d'année pour la bonne raison que, les frais de scolarité étant tellement élevés à cette époque, je n'avais trouvé, comme moyen de les acquitter, que de piocher sur de courts textes dramatiques pour la radio, qui m'avaient rapporté des sous. J'avais de plus conçu un jeu dramatique pour le théâtre, et le succès obtenu m'avait surpris. Mais je ne me faisais aucune illusion.

Ce que je cherchais à trouver en réalité, en ce mois de novembre 1952, alors que j'étais âgé de vingt-deux ans, c'était le souffle, cette poussée du cœur et de la volonté qui m'aurait permis d'aller jusqu'au bout d'une œuvre consistante.

Malgré les impulsions qui devenaient de plus en plus pressantes, je parvenais mal à m'enfermer dans ma chambre, même si mon projet commençait à prendre forme. Je crois que je craignais d'être incapable de le réaliser.

Le lieu de mon enfance, tout d'abord, serait le décor du texte que je voulais écrire. Je commençais à dessiner des personnages de jeunes adultes ayant chacun leur caractère. L'histoire à raconter serait simple ; le langage, dépouillé et surtout rythmé pour ne pas ennuyer. L'expression générale pourrait laisser croire à du réalisme sans l'être réellement, car je rejetais le réalisme pur qui, à mon sens, peut sombrer dans le folklore. Non, ce ne serait pas un roman ; un roman serait au-delà de mes possibilités. Ce serait dans une forme dramatique qui n'exige pas une abondance de vocabulaire, ce qui me ferait défaut.

Je m'étais levé très tôt un matin, à la même heure que ma mère, qui, toute sa vie, a toujours été la première à le faire, et j'étais monté à la cuisine déjeuner avec elle, mon petit frère, mon père et le reste de la famille qui s'amenait.

Aussitôt mon repas terminé, j'étais redescendu à ma chambre et je m'étais mis au travail aveuglément, un stylo noir serré entre les doigts, et une pile de feuilles de papier vierge, que je remplissais avec des mots calculés à la syllabe près. Avec un acharnement que je ne me connaissais pas, j'avais travaillé ainsi jusqu'à tard le soir. Lorsque l'heure des autres repas arrivait, ma mère dépêchait mon petit frère au sous-sol, qui me faisait savoir qu'il fallait que je monte.

J'avais suivi ce rituel pendant trois jours sans fléchir, sans ralentir jusqu'à ce que, vers onze heures, le troisième soir, j'aie mis le point final à un texte construit en trois actes pour le théâtre. J'avais entretenu le souffle jusqu'au bout, c'est tout ce qui comptait pour moi, et j'y avais travaillé avec mes tripes. Avant d'éteindre ma lampe et de me coucher, j'avais relu la dernière scène du troisième acte, duo d'amour déchirant de Tarzan et de Ciboulette : mes mains tremblaient, et j'étais sur le point de pleurer. J'avais atteint dans mon texte ce point de non-retour d'une tragédie. C'est ce qu'il y a de plus propre, il n'y a pas de vulgarité dans une scène de tragédie.

J'étais merveilleusement épuisé. L'effort n'avait pas été que mental, il avait aussi mis mon corps à l'épreuve. Je pouvais dormir à cette heure, n'ayant aucunement le souci de savoir si le texte écrit en trois jours aurait un avenir. Une certaine profession se dessinait peut-être devant moi.

* * *

La pièce n'eut pas de titre jusqu'au jour où je lus sur un panneau routier cette défense : « Zone interdite ». Comme il s'agissait d'un lieu qui invite au respect de la loi, cette zone convenait parfaitement à la délinquance, à mes héros, jeunes et contrebandiers. La première représentation de *Zone* eut lieu un soir de février 1953, au Théâtre des Compagnons de Saint-Laurent, à l'angle des rues Sherbrooke et De Lorimier. Le public l'avait applaudie avec une telle spontanéité qu'une autre fois j'eus peine à retenir mes larmes.

Et le temps depuis ne semble pas arrêter son parcours, marquant les soixante années d'une douloureuse et salutaire éclosion qui m'a permis de faire un choix si laborieux. Sujet d'études et de nouvelles représentations grâce à sa publication, *Zone* ne raconte pourtant qu'une petite histoire, un fait divers à l'image de l'existence de gens ordinaires. C'est bien souvent ainsi que les choses se passent, dans la vie comme dans la pièce : on a une enfance qui se situe hors du temps, hors des règles et, un jour, on fait face à une société qui nous dicte durement une conduite radicale ; on s'y plie ou non, on se range ou on en meurt.

Dans sa forme, qui se veut d'un réalisme composé, se cache aussi, non pas un message, mais une trame symbolique, chacun des trois actes portant un titre : dans l'ordre, il y a « Le jeu » puis « Le procès » et enfin « La mort ».

J'ai écrit cette préface ne sachant pas comment la terminer, mais peut-être puis-je conclure qu'il n'est pas inusité pour un écrivain d'associer sa profession à son gagne-pain. C'est ce dont mon père s'est réjoui, un jour, quand il a reconnu que je faisais quelque chose de ma vie.

Ce n'est pas facile, ce n'est pas toujours facile d'écrire, surtout par obligation, et il faut parfois se faire violence et se mettre au travail quand même. Il y a cette hantise de vouloir éviter les redites et toujours cette peur qu'en nous relisant l'idée nous vienne de tout recommencer.

Je me sens pauvre et démuni après avoir terminé un texte, comme si je l'avais raté, même après soixante ans d'exercice, et je prie Vincent de Paul de m'aider la prochaine fois.

Marcel Dubé
Montréal, le 15 mai 2013

Création et distribution

La pièce a été créée à Montréal,
le 23 janvier 1953,
par l'équipe de La Jeune Scène,
au Théâtre des Compagnons de Saint-Laurent,
dans une mise en scène de Robert Rivard.

Ciboulette : Monique Miller
Tarzan : Guy Godin
Passe-Partout : Robert Rivard
Moineau : Raymond Lévesque
Tit-Noir : Hubert Loiselle
Johny : Marcel Dubé
Ledoux *(le détective)*: Jean Duceppe
Le Chef de police : Jean-Louis Paris
Roger *(son assistant)*: Yves Létourneau

Décors : Robert Prévost
Régie générale: Georges Campeau
Assisté de: Jean Dubé
Opérateur du son: Maurice Hébert

Personnages

Ciboulette

Tarzan

Passe-Partout

Moineau

Tit-Noir

Johny

Ledoux *(le détective)*

Le Chef de police

Roger *(son assistant)*

PREMIER ACTE

LE JEU

C'est l'automne. Le décor, sur lequel le rideau s'ouvre, représente une arrière-cour située dans un faubourg, quelque part dans la ville. Il y a, à gauche, une sortie assez étroite prise entre deux murs de maisons abandonnées et au fond, une palissade qui s'ouvre sur une ruelle. À droite, un vieux hangar délabré dont la porte est très praticable. Le toit du hangar, qui donne en premier plan, se superpose à un autre toit plus arrière, qui servira pour les apparitions de Tarzan au cours du premier et du troisième actes. Une caisse de bois renversée s'appuie contre le mur du hangar et représente le trône de Tarzan. Ce décor est tout blanc. C'est-à-dire qu'il va du blanc pur au noir presque complet, en passant par toutes les teintes de gris. Un petit arbre décharné et stérile projette son ombre sur le mur d'une maison de gauche, tandis que des cordes à linge vides traversent la scène, accrochées à un poteau croche planté derrière la palissade et dont le travers du haut donne l'impression d'une pauvre croix toute maigre, sans larron ni Christ dessus.

Les êtres que nous voyons évoluer dans ce triste paysage réaliste font ressortir parfois des choses qui les entourent, de leurs paroles et de leurs gestes, une poésie discrète. Ce n'est pas encore le crépuscule, mais on sent que le soleil achève sa parabole sur la ville. Moineau est seul en scène. Il est assis sur une poubelle placée contre la palissade, près de l'ouverture. Il joue de l'harmonica, mais très maladroitement. On dirait une suite de notes mélancoliques qui s'exhalent de ses lèvres. Parfois il cesse de jouer pour secouer son instrument sur ses genoux. Mais il reprend aussitôt. En arrière-plan, on entend, comme une plainte qui s'éloigne, la voix du «guenillou» mêlée au bruit de sa charrette. C'est la rengaine bien connue: «Guenilles à vendre, guenilles à vendre... des bouteilles, des guenilles à vendre?...» *Et puis tout cela s'efface et se perd. Seul, le son grêle de l'harmonica de Moineau persiste... Soudain, la porte du hangar s'ouvre et Tit-Noir paraît, tenant une poubelle dans ses mains. Il se penche, la dépose près de la porte et se redresse.*

TIT-NOIR — Hé! Moineau!

Moineau ne semble pas l'entendre. Alors, sur un ton plus haut, Tit-Noir reprend:

TIT-NOIR — Moineau! Es-tu sourd?

Moineau sort soudainement de son rêve et cesse de jouer.

MOINEAU — Hein?... Non, non, je suis pas sourd... Qu'est-ce que tu veux Tit-Noir?

TIT-NOIR — Je veux que tu viennes m'aider à finir le ménage ; faut que je replace les panneaux de la cache, maintenant.

MOINEAU — J'y vais Tit-Noir, j'y vais. *(Il remet lentement sa musique à bouche dans sa poche de veston et se dirige tranquillement vers le hangar.)*

TIT-NOIR — Fais ça vite : le chef doit rentrer bientôt. *(Il disparaît à l'intérieur tandis que Moineau, près du seuil de la porte, constate :)*

MOINEAU — C'est vrai, le soleil baisse ; y a dû traverser à l'heure qu'il est.

Il entre lui aussi dans le hangar. Pendant les quelques secondes que la scène reste vide, nous parviennent de très loin les bruits de la ville. La lumière baisse légèrement. Entre Passe-Partout dans la gauche ; il est louche et ne fait pas de bruit. Il s'arrête au milieu de la scène et tire de sa poche de paletot quelques cravates à couleurs très voyantes qu'il vient de voler. Il les regarde avec contentement et les remet dans sa poche. Puis, il se dirige vers la porte du hangar. Il se penche et espionne Tit-Noir et Moineau par le trou de la serrure. C'est dans cette position qu'il est surpris par Ciboulette qui, elle, fait son apparition dans l'ouverture de la palissade. Elle s'arrête et jette à Passe-Partout un regard d'entendement et de mépris. Puis, d'une petite voix ironique, elle dit :

CIBOULETTE — Salut ! Passe-Partout.

PASSE-PARTOUT, *sursaute et se redresse. Il se tourne lentement vers Ciboulette, affectant l'indifférence d'avoir été surpris* — Salut Ciboulette ! Ça va ?

CIBOULETTE — Toujours. Et toi ?

PASSE-PARTOUT — Comme ci, comme ça.

CIBOULETTE — Le chef est rentré ?

PASSE-PARTOUT, *avec une pointe de méchanceté* — Non.

CIBOULETTE — T'es sûr ?

PASSE-PARTOUT, *même jeu* — Oui.

CIBOULETTE — Pourquoi que t'es sûr ?

PASSE-PARTOUT — Parce que je viens de vérifier. *(Il montre de la main le trou de la serrure.)*

CIBOULETTE — Il doit être chez Johny.

PASSE-PARTOUT — Non plus, je suis passé.

CIBOULETTE — Comment ça se fait ? Y est tard ; d'habitude...

PASSE-PARTOUT — Ils sont peut-être arrêtés en chemin.

CIBOULETTE — Tu penses ?

PASSE-PARTOUT — Y a des beaux restaurants au bord de la route. Et dans les beaux restaurants y a des belles filles.

CIBOULETTE — C'est pas son genre de perdre son temps à ça.

PASSE-PARTOUT — Ça dépend. Des jours c'est tentant. *(Il tire une cravate de sa poche et la contemple avec satisfaction. Ciboulette le voit faire.)*

CIBOULETTE — Passe-Partout ! *(Il fait mine de ne pas l'entendre. D'un tour de main il tire sur la cravate qu'il porte et l'enlève. Il la fourre dans sa poche.)*

CIBOULETTE — Passe-Partout ! T'as encore volé des cravates ? *(Il commence à nouer la nouvelle avec des gestes raffinés, le visage illuminé de contentement.)*

PASSE-PARTOUT — Comment tu trouves celle-là ?... Attends que je fasse le nœud, tu vas voir... Tiens, regarde... J'ai du goût, hein ? *(Très suffisant, il se gonfle le torse et parade devant elle.)*

CIBOULETTE — Tu devrais te trouver un emploi au lieu de perdre ton temps à voler.

PASSE-PARTOUT — Je suis pas pressé.

CIBOULETTE — Faut toujours que t'agisses différemment des autres.

PASSE-PARTOUT — Ça te regarde pas. Dans le moment, je suis le champion : c'est le principal.

CIBOULETTE — Je pense pas moi. Aujourd'hui je te dépasse, j'ai une liste de dix nouveaux clients à montrer au chef.

PASSE-PARTOUT — Tu fais bien de me le dire ; demain je m'arrangerai pour reprendre le dessus.

CIBOULETTE — Ça m'est égal. Pour moi

c'est pas ça l'important. L'important c'est de faire ce que le chef dit de faire et toi tu le fais pas.

PASSE-PARTOUT — Je fais mieux.

CIBOULETTE — Peut-être, mais tu t'arranges aussi pour attirer la police ici.

PASSE-PARTOUT — Fais-toi pas de bile avec ça, je m'appelle pas Passe-Partout pour rien... T'aimes ça travailler dans une manufacture de chemises, Ciboulette ?

CIBOULETTE — Pas une miette.

PASSE-PARTOUT — Alors, pourquoi que tu y vas ?

CIBOULETTE — Les ordres sont les ordres. Faut montrer qu'on a une vie normale.

PASSE-PARTOUT — Faut jamais faire ce qu'on n'aime pas.

CIBOULETTE — Tu parles pas comme ça devant lui par exemple !

PASSE-PARTOUT — C'est pas nécessaire. Le chef se fait pas d'illusion sur mon compte, il me connaît.

CIBOULETTE — Penses-tu que tu l'intimides ?

PASSE-PARTOUT — Y a que les filles et les lâches qui obéissent aveuglément. Moi, je suis un homme.

CIBOULETTE — Tit-Noir est un homme autant que toi, et pourtant ça lui fait rien d'obéir ; tous les jours, il va travailler à sa cordonnerie, de six heures du matin à trois heures de l'après-midi… Y aime pas ça, Tit-Noir, mais y a compris que c'était nécessaire et plus prudent.

PASSE-PARTOUT, *a tiré négligemment une montre-bracelet du fond de sa poche. Il la soupèse et s'amuse avec. Elle brille* — Continue, continue : tu me fais rire.

CIBOULETTE — Y a rien de drôle… *(Elle aperçoit tout à coup la montre.)* Passe-Partout ! Qu'est-ce que t'as dans la main ?

PASSE-PARTOUT — Mais c'est une montre, tu le vois bien !

CIBOULETTE — Qui t'a donné ça ?

PASSE-PARTOUT — Je l'ai achetée, Ciboulette.

CIBOULETTE — Raconte-moi pas d'histoires. Je pense plutôt que tu l'as volée.

PASSE-PARTOUT — C'est une bonne marque et elle marche bien.

CIBOULETTE — Voleur !

PASSE-PARTOUT — Je suis presque certain que c'est de l'or.

CIBOULETTE — C'est défendu de voler.

PASSE-PARTOUT — Tu me fais rire de plus en plus.

CIBOULETTE — C'est défendu par le chef, c'est dans les règlements de la bande.

PASSE-PARTOUT — Tu me fais rire parce que tu parles comme si t'étais pas une voleuse toi aussi.

CIBOULETTE — Je suis pas une voleuse. Faire la contrebande des cigarettes, c'est pas voler.

PASSE-PARTOUT — C'est voler la société, c'est voler le gouvernement.

CIBOULETTE — On les vole pas, on les trompe. C'est pas pareil.

PASSE-PARTOUT — T'as bien appris ta leçon.

CIBOULETTE — Je te dis ce que je pense, pas plus. Et si tu veux un conseil, arrange-toi pour que le chef te voie pas avec ça dans les mains.

PASSE-PARTOUT — J'aurais qu'à lui offrir au chef pour qu'il se la ferme. Il serait bien content de l'avoir au poignet comme tout le monde... Il serait fier comme un coq... Seulement, c'est pas à lui que je veux la donner.

CIBOULETTE — ...

PASSE-PARTOUT — Ça t'intéresse pas de savoir à qui?

CIBOULETTE — À moi?

PASSE-PARTOUT — Peut-être.

CIBOULETTE — Tu peux la garder. J'en n'ai pas besoin. J'aime pas les bijoux.

PASSE-PARTOUT — C'est du bel or, du vrai, ça brille... tu serais belle avec ça... Je pourrais te donner de l'argent aussi.

CIBOULETTE — De l'argent?

PASSE-PARTOUT — J'ai emprunté quelques portefeuilles, cet après-midi.

CIBOULETTE — J'ai besoin de rien. Je veux pas toucher à ce que tes mains sales et tes doigts croches ont touché.

PASSE-PARTOUT — Mes mains sont pas sales, mes doigts sont pas croches. Mes mains sont des vraies mains de voleur. Et des mains de voleur, c'est habile, ça caresse bien, ça connaît les endroits.

CIBOULETTE — Laisse-moi tranquille, je veux pas que tu me touches.

PASSE-PARTOUT — Si c'était lui, tu dirais pas la même chose par exemple.

CIBOULETTE — Y a rien entre lui et moi.

PASSE-PARTOUT — C'est pas parce que tu l'as pas voulu. C'est parce qu'y est trop cave pour s'apercevoir que tu l'aimes... Laisse-moi t'embrasser et je donne tout; je te rendrai riche, je te volerai des perles, des bracelets, des colliers.

CIBOULETTE — Non, Passe-Partout, non, laisse-moi tranquille.

PASSE-PARTOUT — Seulement qu'une fois Ciboulette, rien qu'une fois... *(Mais Passe-Partout est interrompu par l'apparition de Tit-Noir, qui sort du hangar juste à ce moment. Tit-Noir sourit, car il est content d'avoir surpris Passe-Partout et de voir Ciboulette lui résister.)*

TIT-NOIR — Salut ! Passe-Partout.

PASSE-PARTOUT, *dégage et prend une attitude cavalière* — Salut, Tit-Noir !

TIT-NOIR — Ça se défend de la Ciboulette hein ? C'est dur à croquer.

PASSE-PARTOUT — Pas tant que ça. Ça goûte un peu l'oignon, c'est un peu amer mais je suis certain qu'un jour je vais la déguster.

CIBOULETTE — Un jour, dans la semaine des trois jeudis.

TIT-NOIR — Écoute, Passe-Partout : j'ai besoin d'air un peu. Je viens de passer trois heures dans le trou à nettoyer le plancher et à camoufler la marchandise ; tu devrais prendre ma place un peu ; Moineau est là, il va t'aider.

PASSE-PARTOUT, *prenant une attitude de chef* — Qu'est-ce qu'il reste à faire ?

TIT-NOIR — Faut ajuster les deux panneaux du fond.

PASSE-PARTOUT— Les autres sont cloués ?

TIT-NOIR — Oui. Et c'est solide.

PASSE-PARTOUT — Bon. Je vais vérifier.

Il jette un regard méchant à Ciboulette et pénètre dans le hangar. Tit-Noir est fatigué, il va s'asseoir sur le trône de Tarzan. Il sort de sa poche un petit calepin et un bout de crayon et il commence à faire des calculs. Ciboulette s'approche de lui lentement. Bruits de la ville au loin. Ciboulette s'appuie sur le mur du hangar. Elle est comme un peu lasse, comme un peu inquiète. Tit-Noir la regarde avec tendresse.

TIT-NOIR — Ça lui prend souvent?

CIBOULETTE — Non. C'est la deuxième fois.

TIT-NOIR — Faudra en parler au chef.

CIBOULETTE — Non. On n'est plus à l'école.

TIT-NOIR — T'as raison.

Le silence reprend. Tit-Noir poursuit ses calculs. Ciboulette regarde dans le vide. On entend un chien qui aboie quelque part. Tit-Noir de nouveau rompt le silence.

TIT-NOIR — Les affaires vont bien. J'ai vendu trois mille deux cents cigarettes en trois jours.

CIBOULETTE — C'est beaucoup!

TIT-NOIR — Je pense que je vais faire une bonne semaine.

CIBOULETTE — Moi aussi, je vais faire une bonne semaine.

TIT-NOIR — T'en as vendu beaucoup?

CIBOULETTE — Oui.

TIT-NOIR — Combien t'en as vendu?

CIBOULETTE — Je sais pas. J'en ai vendu beaucoup. Je t'apporterai l'argent pour déposer dans la caisse demain.

TIT-NOIR — C'est pas pressé. Je sais que tu voleras pas. Faut que je compte l'argent maintenant. Le chef va sûrement me demander ce qu'on avait en caisse la semaine passée. *(Il recommence son travail de comptable. Il mouille constamment sa mine de crayon pour faire des chiffres plus prononcés. Cette fois-ci c'est Ciboulette qui l'interrompt.)*

CIBOULETTE — Tit-Noir !

TIT-NOIR — Quoi ?

CIBOULETTE — J'ai peur.

TIT-NOIR — Aie confiance.

CIBOULETTE — D'habitude j'ai confiance mais là j'ai peur. Toi ?

TIT-NOIR — S'y est pas revenu dans dix minutes, faudra décamper. C'est qu'y aura du danger.

CIBOULETTE — Il court des risques en traversant les lignes comme ça, hein ?

TIT-NOIR — Je l'ai jamais fait mais je pense que c'est dangereux.

CIBOULETTE — Y avait à sauter trois fois dans la journée et chaque fois avec un sac sur le dos.

TIT-NOIR — De ce temps-ci, les douaniers sont sur les dents, ça tombe mal.

CIBOULETTE — Tu crois qu'ils pourraient tirer sur lui ?

TIT-NOIR — Oui, Ciboulette.

CIBOULETTE — Et on peut rien faire ?

TIT-NOIR — Non. Faut attendre. J'ai l'impression qu'il va pas tarder... Y ont peut-être des ennuis avec la camionnette, c'est une vieille et Johny l'entretient pas beaucoup.

CIBOULETTE — On peut être sûr de Johny ?

TIT-NOIR — Oui. Y a rien à craindre lui, y a juste à attendre dans une cache au bord de la route à un mille des douanes. Ça l'expose presque pas.

CIBOULETTE — C'est vrai.

Nouveau silence. Tit-Noir remet son calepin et son crayon dans sa poche. Puis il se lève et dégage en tournant un peu le dos à Ciboulette.

TIT-NOIR — Tu l'aimes beaucoup hein ?

CIBOULETTE — Oui, comme vous autres, Tit-Noir.

TIT-NOIR — Comme nous autres et plus encore. Je pense que tu l'aimes tout court.

CIBOULETTE — Tit-Noir ! Je te défends de...

TIT-NOIR — Mais c'est pas un péché Ciboulette... Tout le monde a le droit d'aimer... Tu y as dit ?

CIBOULETTE — Non. Il doit pas le savoir, jamais.

TIT-NOIR — Pourquoi ?

CIBOULETTE — Parce que.

TIT-NOIR — Il t'aime lui aussi.

CIBOULETTE — C'est pas vrai, tu peux pas dire ça.

TIT-NOIR — Quand on a des yeux pour voir on découvre bien des choses.

CIBOULETTE — Oui, mais on se trompe souvent.

TIT-NOIR — Pas là. Je l'ai bien regardé et je suis convaincu. Il fait semblant de te parler durement comme à nous autres mais dans le fond de sa gorge il cache des mots d'amour, il se retient pour pas crier que tu lui plais.

CIBOULETTE — Pourquoi qu'il fait ça?

TIT-NOIR — Y a son orgueil, comme toi... tu devrais lui parler.

CIBOULETTE — Jamais Tit-Noir, tu m'entends? Jamais, jamais je lui dirai.

TIT-NOIR — T'as pas raison. Un jour, tu voudras, et il sera trop tard, ça sera plus possible... Je te dis moi que si je t'aimais tu le saurais tout de suite.

CIBOULETTE — Tu me ferais souffrir alors.

TIT-NOIR — Pourquoi?

CIBOULETTE — Parce que t'es mon ami. Et ça me ferait de quoi de te dire que je t'aime pas d'amour. Je t'haïrais pour ça.

TIT-NOIR — Je comprends pas.

CIBOULETTE — Tu détournerais mes pensées de lui. Je t'haïrais pour détournement de pensées.

TIT-NOIR — « Détournement de pensées », c'est compliqué ça Ciboulette, tu donnes l'impression que tu fréquentes les couvents.

CIBOULETTE, *elle s'avance lentement à l'avant-scène* — Non Tit-Noir, je fréquente pas les couvents. Je m'appelle Ciboulette et je suis une petite fille des rues, pas plus. Mes parents sont pauvres et m'aiment pas beaucoup mais ça m'est égal, j'attends plus qu'ils me fassent vivre. J'ai seize ans, je travaille à la manufacture et je m'en fiche parce qu'en même temps je suis contrebandière, je fais partie d'une bande et j'ai un chef, un chef qui est plus fort que tout, un chef qui a peur de rien et qui rendra tout le monde de la bande heureux. Avec lui on prépare ensemble des beaux dimanches et une vie plus libre. Le reste m'est égal.

TIT-NOIR — Y est venu dans notre rue et il nous a dit de le suivre. On l'avait jamais vu mais y avait l'air sûr et sincère, on l'a suivi. Il nous a dit qu'on deviendrait quelqu'un un jour si on voulait l'écouter. On l'a écouté et aujourd'hui on se fait de l'argent. On devient plus forts.

CIBOULETTE — C'est pour ça Tit-Noir que j'ai pas le droit de lui parler d'amour, je le dérangerais dans ses idées et il pourrait plus me regarder comme il me regarde dans le moment, comme il nous regarde tous. Pour lui on est les copains d'une même aventure, des camarades de jeu.

La porte du hangar s'ouvre et livre passage à Passe-Partout qui se frotte les mains pour les nettoyer, et à Moineau qui a le front soucieux.

PASSE-PARTOUT — On a mis de l'ordre dans le hangar. C'est comme il l'a voulu... Pas de nouvelles de lui ?

TIT-NOIR — Non.

PASSE-PARTOUT — Ça regarde mal.

MOINEAU — Y est peut-être bloqué aux lignes ?... Tit-Noir !

TIT-NOIR — Quoi ?

MOINEAU — C'est vrai qu'y a toujours une ligne blanche pour séparer deux pays ?

TIT-NOIR — Mais non. Qui t'a fait croire ça ?

MOINEAU — Personne. J'y ai pensé tout seul. Une ligne blanche, ça sépare bien.

PASSE-PARTOUT — Oui mais ça doit se sauter aussi mal que pas de ligne du tout. T'es bien pâle, Ciboulette !

CIBOULETTE — Je suis pas plus pâle que vous autres. Je suis inquiète, pas plus.

PASSE-PARTOUT — Y aurait dû me laisser essayer mon système ce coup-ci. C'est bien moins compliqué : tu passes avec le camion et tu dis que c'est des patates, ils regardent et ils voient que t'as des poches de la bonne couleur, ils te croient et tu continues. Y aurait dû me laisser essayer. J'y ai offert hier.

TIT-NOIR — Tu y as offert parce que tu savais qu'il voudrait pas.

PASSE-PARTOUT — Non, je voulais qu'il dise oui.

TIT-NOIR — Tu savais qu'il dirait pas oui. Il nous l'a expliqué au commencement : l'Américain veut pas en voir d'autres que lui.

PASSE-PARTOUT — Je m'en souvenais plus.

TIT-NOIR — C'est facile à dire.

PASSE-PARTOUT — Oui, c'est facile à dire et ça te regarde pas. Et je te donne un conseil Tit-Noir : mange dans ton assiette, pas dans celle des autres.

TIT-NOIR — Je peux te donner le même conseil, Passe-Partout : à l'avenir, laisse Ciboulette tranquille, c'est pas ton assiette.

PASSE-PARTOUT — Je ferai ce qui me plaira.

TIT-NOIR — Même si ça déplaît au chef?

PASSE-PARTOUT — Le chef, le chef, vous avez rien que ce mot-là dans la bouche ; il doit bien rire au fond.

CIBOULETTE — Tais-toi Passe-Partout.

TIT-NOIR — À chaque fois qu'y ouvre la bouche, c'est pour…

CIBOULETTE — Toi aussi, Tit-Noir, ferme-la. Vous vous chicanez pour des riens, pour des mots qui changeront pas la situation. Ce qui compte au fond c'est ce qu'on pense dans son cœur et dans sa tête. Passe-Partout joue au méchant pour faire le brave mais dans sa tête il croit pas en ce qu'il dit.

MOINEAU — T'as raison Ciboulette ; les mots, ça veut souvent rien dire. Et en plus on sait jamais ce que les autres pensent en dedans. On le sait pour personne. La musique, elle, fait pas de mensonges, la musique parle pour vrai, pas les mots... *(Comme s'il voulait prouver ce qu'il vient de dire il porte son harmonica à ses lèvres et se met à jouer. Les autres l'écoutent jusqu'à ce que Passe-Partout trouve ridicule de s'émouvoir.)*

PASSE-PARTOUT — On parviendra jamais à savoir ce qu'il joue, lui.

CIBOULETTE — C'est pas important, si c'est beau !

Moineau est blessé et cesse de jouer. Il regarde Passe-Partout étrangement, se lève et se dirige vers le hangar.

TIT-NOIR — Où vas-tu Moineau ?

Moineau à cette question s'arrête et les regarde tous mais il ne répond pas. Il ouvre la porte et s'enferme dans le hangar, d'où on l'entendra jouer jusqu'à ce qu'il sorte.

TIT-NOIR — Y est blessé.

CIBOULETTE — Pauvre Moineau.

Il y a un instant de silence par où s'infiltre un petit courant d'angoisse. Bruits de la ville au loin, très loin. Passe-Partout une autre fois ne supporte pas ce malaise. Il rompt le silence d'une façon positive :

PASSE-PARTOUT — Trente mille cigarettes, c'est de l'argent !

CIBOULETTE — Y aura pas besoin d'y retourner avant deux semaines...

TIT-NOIR — Au rythme où ça se vend je pense qu'il devra recommencer la semaine prochaine.

Le silence renaît. Il est à peine troublé par une rumeur vague et lointaine du soir. Cette fois c'est Tit-Noir qui s'en lasse le premier. Il se raidit tout d'un coup.

TIT-NOIR — C'est insupportable d'attendre, je peux pas, c'est trop ennuyant.

CIBOULETTE — Va voir chez Johny, Tit-Noir. Y est peut-être arrivé.

TIT-NOIR — Peut-être. Attends moi j'y vais!

CIBOULETTE — Quand tu reviendras on décampera s'y est pas arrivé.

TIT-NOIR — C'est ça. *(Tit-Noir sort par la palissade et s'éloigne dans la droite, d'un pas pressé et décidé. Passe-Partout sourit ironiquement. Il sort une cigarette et se la met au coin de la bouche. Avant de s'allumer, il dit :)*

PASSE-PARTOUT — Vous vous énervez pour rien. Faut pas se faire de mauvais sang pour quelqu'un qui s'en ferait pas à notre place. *(Il allume sa cigarette. Ciboulette dont l'attention est attirée se rend compte que c'est une cigarette américaine. Elle bondit vers Passe-Partout.)*

CIBOULETTE — Passe-Partout! C'est défendu de fumer des cigarettes américaines... *(Elle lui arrache la cigarette du bec, la jette par terre et l'écrase de son pied.)* Ça peut donner des indices, tu le sais bien. *(Passe-Partout est furieux et blessé dans son orgueil.)*

PASSE-PARTOUT — On en vend, pourquoi qu'on n'en fumerait pas?

CIBOULETTE — C'est imprudent.

PASSE-PARTOUT — Je m'en fiche.

CIBOULETTE — Faut jamais que personne te voie sortir une cigarette américaine de ta poche.

PASSE-PARTOUT — Comme si j'étais pas assez intelligent pour me surveiller tout seul.

CIBOULETTE — Ce que t'as fait devant moi t'aurais pu le faire devant un détective et tu te faisais ramasser.

PASSE-PARTOUT — Des détectives, vous en voyez partout. Vous devenez fous tranquillement. Laisse-moi la paix... j'aime pas qu'on m'espionne et qu'on se mette dans mon chemin. J'aime pas les leçons de morale. C'est la dernière fois que je te le dis.

CIBOULETTE — Agis comme du monde et on s'occupera pas de toi. Agis comme le chef dit d'agir.

PASSE-PARTOUT — J'agirai comme je voudrai. C'est pas le chef qui va m'en empêcher.

CIBOULETTE — T'es rien qu'un sans-cœur Passe-Partout; dans le moment, il risque sa vie, lui.

PASSE-PARTOUT — C'est le rôle qu'il s'est donné, qu'il le joue jusqu'au bout. S'il m'avait nommé je l'aurais joué moi aussi.

CIBOULETTE — Tu pourrais pas. Parce que tu respectes pas les règles, parce que tu triches... Faut avoir de la discipline pour faire des grandes choses. Toi t'en as pas et pourtant t'as juré d'obéir, t'as fait le serment et la croix sur ton cœur : t'as plus le droit maintenant de tricher.

PASSE-PARTOUT — T'es rien qu'une pauvre petite fille, Ciboulette, et si tu continues tu le resteras toute ta vie. Laisse-moi tranquille avec tes principes, je ferai ce qui me plaira et t'as pas à t'en mêler.

CIBOULETTE — Tu feras plus partie de la bande alors.

PASSE-PARTOUT — Vous pourriez pas vous passer de moi, tu le sais bien.

CIBOULETTE — Si tu veux rester faudra accepter qu'on te le dise quand tu marcheras mal. Parce que nous autres, on obéit aux ordres et on les fait respecter.

PASSE-PARTOUT — Et vous serez toujours des inférieurs, des soldats sans grades que les officiers maltraitent. Vous connaîtrez jamais l'indépendance, vous profiterez jamais de rien. Vous perdrez votre temps à penser aux autres.

CIBOULETTE — Vas-y, vas-y, Passe-Partout, tu me fais de plus en plus penser à une araignée, à une araignée qui profite de tout pour se faire une toile.

PASSE-PARTOUT — Surveille tes paroles, Ciboulette.

CIBOULETTE — Tu m'écœures, Passe-Partout, et j'ai pas peur de te le dire en pleine face, tu m'écœures.

PASSE-PARTOUT — Ciboulette ! Ferme-la !

CIBOULETTE — Il va t'écraser lui, tu vas voir, il va t'écraser comme une araignée qu'on a trop longtemps laissée libre.

PASSE-PARTOUT — Ciboulette ! *(Il lève la main sur elle.)*

CIBOULETTE — Tu veux me frapper ? Frappe-moi, mais tu m'empêcheras pas de te crier la vérité dans les oreilles maintenant qu'on est seuls.

PASSE-PARTOUT — La vérité !... Tu m'en dirais tant !... La vérité, c'est qu'y a que moi de vrai ici, y a que moi de vraiment voleur. Vous autres, vous vous amusez si tu veux le savoir, vous rêvez d'être des voleurs mais vous êtes pas vrais.

CIBOULETTE — T'es méchant au fond du cœur, je pense.

PASSE-PARTOUT — Je suis ce que je suis et je tiens pas à changer.

CIBOULETTE — Tu fais pitié.

PASSE-PARTOUT — Ciboulette ! Pas ce mot-là !

CIBOULETTE — Tu fais pitié.

PASSE-PARTOUT — Tu vas trop loin, prends garde, je vais te frapper si tu dis ça une autre fois.

CIBOULETTE — Tu feras encore plus pitié. Frappe-moi : ça m'empêchera pas de penser que tout à l'heure tu vas trembler devant lui, tu vas ramper comme une couleuvre. Frappe-moi !

PASSE-PARTOUT — Tout à l'heure !... Il sera peut-être pas là tout à l'heure. Il sera peut-être plus jamais là, Ciboulette. As-tu pensé qu'il pouvait se faire descendre en chemin ? As-tu pensé à sa mort ? S'y était mort t'aurais eu pitié pour rien, tu me verrais plus trembler... Et si j'allais devenir le plus fort ? Le plus fort de tous ? Et si c'était moi maintenant le chef ?

CIBOULETTE, *elle crie* — Tais-toi !

PASSE-PARTOUT, *il rit* — C'est à mon tour maintenant d'avoir pitié. C'est toi qui as peur, c'est toi qui trembles.

CIBOULETTE — Un jour tu paieras pour tout ça, Passe-Partout. Un jour, tu seras par terre à ses pieds et tu lui demanderas pardon. Le mal que tu me fais m'est égal mais tu seras puni pour les paroles que tu dis dans son dos.

PASSE-PARTOUT — C'est ce qu'on verra.

Entre Tit-Noir décontenancé. Il va vers Ciboulette.

TIT-NOIR — Y est pas là.

CIBOULETTE — T'es sûr ?

TIT-NOIR — Oui. La mère de Johny m'a même dit qu'elle s'inquiétait.

CIBOULETTE — Bon. Qu'est-ce que le chef a dit de faire s'il rentrait pas à l'heure convenue, Tit-Noir ?

TIT-NOIR — De prendre le large, au cas où la police les arrête en chemin et les force à parler et à dire où se trouve la cachette. Faut disparaître pour pas qu'ils nous prennent nous autres aussi.

CIBOULETTE — C'est ce qu'on va faire tout de suite alors.

TIT-NOIR — Où est Moineau ?

PASSE-PARTOUT — Tu l'entends pas ? *(Tit-Noir entrouvre la porte du hangar.)*

TIT-NOIR — Moineau ! Viens vite. Faut s'en aller.

PASSE-PARTOUT — Où qu'on ira ?

TIT-NOIR — N'importe où. L'important c'est de pas rester ensemble ici. *(Moineau qui a cessé de jouer sort lentement du hangar.)*

MOINEAU — Moi je reste. Je suis le gardien.

TIT-NOIR — Ça fait rien. Personne doit coller ici maintenant. On n'est plus en sûreté.

CIBOULETTE — La police peut venir d'une minute à l'autre.

MOINEAU — Je dirai à la police qu'y a personne et que le hangar est vide.

TIT-NOIR — Mais non Moineau. Ils vont t'arrêter quand même et t'amener au poste. Là ils vont te torturer pour te faire parler. Viens.

CIBOULETTE — C'est sûrement une fausse alarme mais faut pas discuter.

MOINEAU — C'est correct d'abord. Je vous suis.

Ils vont sortir par la palissade mais ils sont retenus par un contre-ordre. Tarzan est apparu sur le toit du petit hangar portant un sac sur son dos. Il leur crie :

TARZAN — Restez tous. J'arrive. *(Ils se retournent stupéfiés et leurs voix n'ont qu'un cri d'admiration et de surprise :)*

TOUS —Tarzan !

TARZAN — C'est moi ! J'ai passé... Moineau ! Attrape ça ! *(Il lui lance le sac qu'il avait sur le dos. Moineau le saisit au vol et tombe presque à la renverse; les autres rient.)*

TARZAN — C'est pas le moment de rire. *(Leur rire cesse brusquement. Tarzan s'élance et tombe au milieu d'eux.)*

TARZAN, *à Moineau* — Va cacher ça dans l'hangar et fais vite. *(Moineau obéit promptement.)*

TARZAN — Toi, Tit-Noir, cours chez Johny et ramène le reste avec lui.

TIT-NOIR — Oui Tarzan. *(Il sort en courant.)*

TARZAN, *à Passe-Partout* — Les commandes sont prêtes pour demain ?

PASSE-PARTOUT — Non, Tarzan. On t'attendait avant de...

TARZAN — C'est bon. Va commencer à les envelopper. Tit-Noir continuera tout à l'heure.

PASSE-PARTOUT — Tout de suite, Tarzan, tout de suite.

Il entre dans le hangar à son tour. Tarzan est seul avec Ciboulette. Il la regarde un peu, à la dérobée, puis prenant conscience de sa fatigue il va s'asseoir sur son trône. Ciboulette l'observe du coin de l'œil.

TARZAN, *entre ses dents* — Ils m'ont pas eu... J'ai tout passé... Ils m'auront jamais.

CIBOULETTE, *qui s'approche lentement* — T'es fatigué ? T'as couru beaucoup ?

TARZAN — J'ai couru beaucoup. Ça paraît ?

CIBOULETTE — Oui. T'as plus les mêmes yeux.

TARZAN — Ça veut rien dire.

CIBOULETTE — Ça dit que t'es fatigué.

TARZAN — Ça dit que j'ai réussi et que je suis fatigué. Ça dit pas autre chose.

CIBOULETTE — Mais non, ça dit pas autre chose. T'as toute ta fatigue dans ton visage. *(Silence étrange. Ciboulette regarde Tarzan avec inquiétude.)*

CIBOULETTE — Ils t'ont donné du mal ?

TARZAN — Pas plus que de coutume.

CIBOULETTE — De coutume, tu reviens pas si tard.

TARZAN — Ça te regarde ?

CIBOULETTE — Non. Je disais ça, simplement.

TARZAN — T'inquiète pas pour moi, je reviendrai toujours.

CIBOULETTE — Je m'inquiète pas Tarzan. Je m'informe en passant, pour savoir.

TARZAN — Alors, pourquoi que t'as des plis sur le front ?

CIBOULETTE — C'est comme pour les autres. À force d'attendre que tu reviennes. À force d'avoir peur.

TARZAN — Les autres en laissent rien paraître, tâche de faire pareil. De plus vous avez pas besoin d'avoir peur. Il vous arrivera rien à vous autres. Je m'arrange toujours pour que vous soyez pas en danger.

CIBOULETTE, *sans conviction* — C'est vrai, Tarzan.

TARZAN — À ton âge faut pas t'abîmer le front... *(Il se lève et dégage un peu vers le centre.)* Attends Ciboulette : t'auras tout le temps pour ça. *(Elle s'approche un peu de lui.)*

CIBOULETTE — Veux-tu dire qu'un jour je serai malheureuse ?

TARZAN — Je veux dire qu'un jour tu seras amoureuse, c'est la même chose.

CIBOULETTE — Je pense le contraire. Le jour que j'aimerai, j'aurai plus de soucis.

TARZAN — On pense ça mais c'est toujours pareil.

CIBOULETTE — Qui te l'a dit? T'as déjà aimé?

TARZAN — Non... j'ai regardé les autres.

CIBOULETTE — T'aimeras jamais personne Tarzan?

TARZAN, *il la regarde* — Peut-être... un jour.

CIBOULETTE — Quand?

TARZAN — Quand je pourrai, quand je trouverai une fille raisonnable.

CIBOULETTE, *impulsive* — Est-ce que je suis raisonnable, Tarzan?

TARZAN — Tu m'énerves avec tes questions. Laisse-moi tranquille, y a du travail qui presse.

CIBOULETTE — Je te demande pardon, je voulais pas te fâcher.

TARZAN — Je t'en veux pas. Seulement je voudrais pas que tu changes. Je t'ai prise avec nous autres parce que t'étais forte et courageuse, je voudrais pas maintenant te voir faire du sentiment. Compris?

CIBOULETTE — Oui Tarzan.

TARZAN — Bon. Parles-en plus. Faut que je règle le cas de Passe-Partout maintenant. *(Il va s'asseoir de nouveau sur son trône. Il crie :)* Passe-Partout!

(Passe-Partout sort presque aussitôt du hangar.) Passe-Partout, j'ai à te parler.

PASSE-PARTOUT — Qu'est-ce que tu veux savoir Tarzan ?

TARZAN — Je veux savoir d'abord si tu t'es trouvé de l'ouvrage ?

PASSE-PARTOUT — Non. Pas encore. J'ai fait beaucoup d'endroits : ils voulaient jamais de moi.

TARZAN — C'est pas une raison. Si demain, t'as rien trouvé, tu remettras plus les pieds ici.

PASSE-PARTOUT — Mais...

TARZAN — Ta gueule ! Je veux pas d'explications. Les autres s'expliquent pas, les autres marchent au pas. Le jour que je vous ai demandé de me suivre, je vous ai posé des conditions et vous les avez acceptées, pas vrai ?

PASSE-PARTOUT — C'est vrai, Tarzan.

TARZAN — Je vous ai avertis, je vous ai dit que des fois ça serait dur de vous plier aux ordres, mais que c'était nécessaire. J'ai mis au point un système de contrebande où vous courez aucun danger, où je prends tous les risques sur mon dos... tous les risques... tu comprends, Passe-Partout ? Et dans quelques années d'ici on sera riches et on vivra comme du monde. Personne pourra nous obliger à travailler et à nous salir comme des esclaves dans des usines ou des manufactures. On gaspillera pas notre vie comme les autres gars de la rue qui se laissent exploiter par n'importe qui.

PASSE-PARTOUT — Oui, Tarzan.

TARZAN — En attendant, pour empêcher la police de nous soupçonner, faut donner l'impression d'avoir une vie ordinaire, comme tout le monde. Faut travailler quelque part sans avoir l'air de faire de la contrebande. Comme ça les gens nous prendront pas pour des bandits et nous accuseront pas de tous les crimes.

PASSE-PARTOUT — Oui, Tarzan.

TARZAN — On n'est pas des assassins, nous autres... on n'est pas des criminels... on n'a jamais tué personne...

PASSE-PARTOUT, *hypnotisé* — On n'a jamais tué personne, Tarzan, on n'est pas des assassins.

TARZAN — Si un jour, on tue, ce sera parce qu'on est forcés. Parce qu'on pourra pas faire autrement.

PASSE-PARTOUT — Oui, Tarzan, oui.

TARZAN, *se calmant* — C'est la dernière fois que je te parle de ça, Passe-Partout... Et toi, Ciboulette ? T'as du nouveau ?

CIBOULETTE — Un peu. À la... *(Elle n'a pas le temps de terminer sa phrase que Tit-Noir et Johny font leur entrée dans la cour, porteurs de deux sacs remplis de cigarettes. Tarzan dirige son attention sur eux.)*

TARZAN — Cachez ça immédiatement et laissez aucune trace... Tit-Noir !

TIT-NOIR — Oui ?

TARZAN — Dis à Moineau que je veux lui parler.

TIT-NOIR — Tout de suite ?

TARZAN — Oui. Tu finiras d'envelopper les commandes toi-même.

TIT-NOIR — Correct. *(Tit-Noir et Johny sont entrés dans le hangar. Tarzan revient à Ciboulette.)*

TARZAN — Continue, Ciboulette.

CIBOULETTE — À l'ouvrage, toutes les filles fument, j'ai dix nouvelles clientes.

TARZAN — Correct. Sois prudente. Méfie-toi de ton « bourgeois ».

CIBOULETTE — Crains rien. Il s'en apercevra jamais.

MOINEAU, *apparaît dans la porte du hangar* — Tu veux me parler chef?

TARZAN — Oui, approche. T'as bien surveillé aujourd'hui ?

MOINEAU — Oui chef.

TARZAN — M'appelle pas chef, appelle-moi Tarzan.

MOINEAU — Oui chef...

TARZAN — T'as pas compris ?

MOINEAU — Oui oui... oui oui : j'ai compris... je te demande pardon chef... je veux dire : Tarzan.

TARZAN — Tout a été normal ?

MOINEAU — Un homme est venu.

TARZAN — Quoi ?

MOINEAU — Un homme est venu.

TARZAN — Quel homme?

MOINEAU — Je le connaissais pas. Je l'avais jamais vu. Tout ce que je peux dire c'est que c'était un vrai homme avec un imperméable et un chapeau... oui c'est ça, un chapeau gris.

TARZAN — Et l'imperméable?

MOINEAU — Bleu foncé, je pense.

TARZAN — Ça me dit rien... T'étais seul?

MOINEAU — Passe-Partout était dans l'hangar. Y avait besoin de cigarettes pour un client.

PASSE-PARTOUT — Pourquoi que tu m'en as pas parlé quand je suis sorti, Moineau?

MOINEAU — Les comptes c'est au chef que je les rends.

TARZAN — Et de plus c'est interdit de sortir des cigarettes en plein jour.

PASSE-PARTOUT — J'avais un bon client.

TARZAN — C'est pas une raison... Y était quelle heure Moineau?

MOINEAU — Deux heures à peu près.

TARZAN — Passe-Partout était dans l'hangar depuis longtemps?

MOINEAU — Ça faisait cinq minutes, je pense.

TARZAN — T'as parlé au monsieur?

MOINEAU — J'y ai demandé ce qu'il cherchait.

TARZAN — Qu'est-ce qu'il a répondu ?

MOINEAU — Y a répondu qu'il cherchait rien, qu'il passait simplement. J'y ai dit qu'y avait pas le droit, que c'était ma cour et que je voulais être tout seul. Il m'a regardé avec un sourire puis y est parti.

TARZAN — Passe-Partout ?

PASSE-PARTOUT — Oui ?

TARZAN — Tu t'es pas fait suivre en venant ici ?

PASSE-PARTOUT — Non.

TARZAN — T'as vu personne quand t'es sorti de la cour ?

PASSE-PARTOUT — Personne.

TARZAN — T'es sûr ?

PASSE-PARTOUT — Oui, je suis certain… y avait personne, je te jure.

TARZAN — C'est une histoire que j'aime pas beaucoup. C'est une histoire qui sent pas bon. *(À Moineau.)* Quand tu l'as vu, as-tu pensé qu'il pouvait chercher quelque chose ?

MOINEAU — Y avait l'air d'un inspecteur, il regardait partout.

TARZAN — C'est louche. Ça m'énerve ! Ça m'énerve !

Tit-Noir et Johny sortent du hangar. Johny tient les trois sacs vides sons son bras.

JOHNY — Salut Tarzan.

TARZAN — Salut Johny. On y retourne dans huit jours.

JOHNY — Ça va. *(Johny sort et retourne chez lui. Tarzan s'approche de Tit-Noir.)*

TARZAN — Écoute, Tit-Noir : après-midi, Moineau a vu un homme rôder aux alentours...

TIT-NOIR — Hein ! Ici ?

TARZAN — Oui. Il portait un chapeau gris et un imperméable bleu foncé. Ça te dit rien ?

TIT-NOIR — Un chapeau gris ?... Un imperméable bleu ?... Attends... Non... pour dire vrai, ça me rappelle rien.

TARZAN — Alors, faut prendre une décision. On va disparaître de la circulation pour quelques jours. Les commandes sont prêtes ?

TIT-NOIR — Oui.

TARZAN — Y a rien de compromettant qui traîne ?

TIT-NOIR — Tout est caché. On voit même pas les panneaux. Ça ressemble à un hangar vide.

TARZAN — Parfait. C'est entendu tout le monde ? Jusqu'à ce que je vous avertisse, je veux voir personne ici.

PASSE-PARTOUT — Et les clients ?

TARZAN — Vous remplirez les commandes les plus pressées demain ; pour le reste ils attendront. Vous leur direz qu'un nouveau « stock » doit rentrer bientôt et que vous savez pas quand. Faut pas courir de risques, les gars. S'y a vraiment du danger, si l'homme d'aujourd'hui est de la police, il reviendra sûrement faire un tour, alors je m'arrangerai moi-même pour le déjouer. Compris ?

LES AUTRES — Compris… compris…

TARZAN — Ah ! j'oubliais. J'ai une bonne nouvelle à vous apprendre. Dans un mois on vendra des cigarettes en gros. On continuera d'avoir nos clients réguliers et en plus on en aura une dizaine d'autres qui viendront ici en acheter en grandes quantités.

PASSE-PARTOUT — Et c'est toi qui vas tout passer ?

TARZAN — Oui. L'Américain doit me parler d'un nouveau plan, la prochaine fois.

PASSE-PARTOUT — On va faire deux fois plus d'argent alors ?

TARZAN — Oui. Et c'est pour ça qu'il faut être de plus en plus prudent. Faudrait pas se faire prendre juste au moment où ça va si bien. Bon, maintenant allez prendre vos paquets dans l'hangar et partez tout de suite chacun de votre côté.

Il n'a pas achevé sa phrase qu'on voit apparaître dans l'ouverture de la palissade un homme vêtu tel que décrit par Moineau.

L'HOMME — Bonsoir ! *(Tous figent sur place, puis se retournent lentement de son côté.)*

MOINEAU — C'est lui, Tarzan.

L'HOMME — Vous aviez l'air affairés, je m'excuse de vous déranger. *(Il fait quelques pas et regarde tout autour. Tarzan se met dans son chemin.)*

TARZAN — Qu'est-ce qu'on peut faire pour vous ?

L'HOMME — Rien de spécial. J'ai seulement deux mots à dire à l'un d'entre vous.

TARZAN — Y a personne qui vous connaît ici.

L'HOMME — Ça, c'est pas certain. *(Il écarte brusquement Tarzan et se dirige vers Passe-Partout qui recule dans la gauche. Il le saisit par le collet.)*

L'HOMME — C'est vrai que tu me connais pas, toi?

PASSE-PARTOUT — Je vous connais pas et je tiens pas à vous parler.

L'HOMME — T'as perdu la mémoire alors, faut absolument que tu la retrouves. *(Disant cela, il l'empoigne par le bras et le réduit à l'impuissance. De sa main libre il va chercher un portefeuille dans le gousset intérieur du veston de Passe-Partout.)* Et ça? Tu te rappelles pas? Tu manques de métier mon garçon: ta main tremblait et tu m'as touché trois fois. Ensuite, je t'ai suivi pendant vingt minutes et tu t'en es même pas aperçu. *(Il laisse brutalement Passe-Partout et se dirige vers la sortie. Une deuxième fois, Tarzan lui barre la route.)*

TARZAN — Vérifiez s'il manque rien.

L'HOMME, *vérifiant* — Non. Il manque rien. D'ailleurs, y a sûrement pas eu le temps de l'ouvrir parce que s'il l'avait fait y aurait trouvé quelque part une petite carte qui l'aurait étonné. *(Il sort quelques dollars du portefeuille et les présente à Tarzan comme quelqu'un qui veut acheter quelque chose.)* C'est bien ici qu'on vend des cigarettes américaines ?

Tarzan plonge la main dans la poche de son veston. L'Homme voit le geste et comprend qu'il est armé. Il regarde Tarzan dans les yeux et remet l'argent dans son portefeuille.

TARZAN — On vend pas de cigarettes. Pas plus américaines que canadiennes. Vous êtes pas dans une tabagie.

L'HOMME — On m'a mal renseigné. Excusez-moi. *(Il va pour se retirer mais il s'arrête. Il les regarde tous et dit :)* Y a des jeux qui coûtent cher dans la vie, vous savez.

Et il s'en va. Durant une seconde ou deux, tous les personnages restent figés dans leur attitude. Puis ils se tournent lentement du côté de Passe-Partout qui prend peur. Tarzan marche lentement vers lui.

PASSE-PARTOUT — Non !... Non !... Frappe-moi pas, Tarzan... frappe-moi pas, je le ferai plus.

TARZAN, *très calme* — Je t'avais prévenu, Passe-Partout. Combien de fois que je t'ai prévenu, Passe-Partout ? Et tu veux pas obéir, tu veux vraiment pas obéir ? J'en ai assez maintenant, Passe-Partout. *(Passe-Partout recule jusqu'au mur de gauche.)* Ah ! Tu veux faire le frais, tu veux te mettre à part des autres, eh ! bien, tu vas retourner dans ton trou et tu remettras plus les pieds ici.

PASSE-PARTOUT — Non, Tarzan, non !

CIBOULETTE — Fais pas ça, Tarzan, laisse-le partir tout de suite.

TARZAN — Tais-toi, Ciboulette. On va lui montrer qui mène ici, on va lui prouver qu'on s'amuse pas nous autres ; des salauds comme lui, ça mérite aucune sympathie, aucune pitié. *(Passe-Partout essaie de se dégager vers le fond, mais Tarzan lui donne un croc-en-jambe et le fait trébucher.)*

TIT-NOIR — Tarzan, laisse-le !

TARZAN — Silence ! C'est moi le chef, c'est moi qui commande. *(Il relève brutalement Passe-Partout.)* Et j'ai forcé personne. T'entends Passe-Partout ? J'ai forcé personne. Je veux plus te voir devant mes yeux. *(Il le frappe au visage, Passe-Partout s'écroule. Tarzan le relève une autre fois.)* T'avais qu'à faire comme les autres. Mais non, a fallu que tu fasses à ta tête, à ta sale tête... Tu vas sortir d'ici et tu vas oublier ce que tu sais. Si jamais tu nous trahis, je te ferai chanter moi, tu comprends ? On n'a plus besoin de toi. *(Tarzan le pousse violemment dans l'ouverture de la palissade. À ce moment même on entend un coup de sifflet de police au loin. Passe-Partout revient tout de suite, effrayé, et Tarzan qui n'y prend pas garde se tourne vers les autres et crie :)* On est trahis, c'est la police ! *(Désignant à Tit-Noir et Ciboulette l'ouverture de la palissade, il dit :)* Vous deux, sortez par là. *(Ils sortent en vitesse. Coups de sifflet. Désignant l'ouverture de gauche à Moineau et Passe-Partout, il dit :)* Et vous deux par là, je vous rejoins. *(Ils obéissent instantanément. Coups de sifflet. Tarzan reste seul au milieu de la scène. Il tire un pistolet de sa poche de veston et va le cacher sous la boîte de bois qui lui sert de trône; puis il se dirige vers la gauche pour sortir, mais Moineau et Passe-Partout qui sont refoulés dans la cour ne lui en laissent pas le temps. Coups de sifflet.)*

PASSE-PARTOUT — Ils viennent derrière les ruines.

TARZAN — Venez par là, d'abord. *(Ils se dirigent vers l'ouverture de la palissade. Ils sont refoulés de nouveau par Tit-Noir et Ciboulette qui retraitent. Coups de sifflet de plus en plus rapprochés. Rayons de projecteurs qui se promènent sur les murs.)*

TIT-NOIR — C'est impossible, ils arrivent entre les hangars.

TARZAN — On est cernés, ils sont partout.

TIT-NOIR — Qu'est-ce qu'on fait ?

TARZAN — On essaie quand même : chacun pour soi !

Tarzan prend la main de Ciboulette et s'enfuit avec elle par le fond. Tit-Noir s'enferme dans le hangar tandis que Passe-Partout s'esquive par la gauche. Moineau reste seul et désemparé au milieu de la cour. Le soir est peuplé de sirènes et de coups de sifflet, de rayons lumineux qui lèchent les murs. Moineau va lentement s'asseoir sur le trône de Tarzan et prend son harmonica pour jouer. Fin du premier acte.

DEUXIÈME ACTE

LE PROCÈS

Au poste de police. La salle est sombre et ne présente aucun signe extérieur d'accueil et de bienveillance. Le chef: petit homme au front chauve est assis derrière son bureau. En face de lui, il y a un tabouret où viendront s'asseoir tour à tour les jeunes contrebandiers pour subir leur interrogatoire, tout à l'heure. Au fond, une patère et une chaise. Sur les murs: des cadres suspendus qui représentent des groupes de policiers, l'année de leur graduation. Cela ressemble à des photographies de conventions dans les collèges. Roger, l'assistant du chef de police, est en train d'enlever son veston près de la patère quand le deuxième acte commence. Il a le torse large et une taille assez imposante. À gauche, l'entrée des coupables; au fond, la sortie. Roger s'empare de la chaise et vient s'asseoir près du chef.

LE CHEF — Ils sont cinq, Roger; d'après ce que m'a dit Ledoux au téléphone, le plus vieux aurait vingt et un ans.

ROGER — Et qu'est-ce qu'ils faisaient?

LE CHEF — La contrebande des cigarettes sur une haute échelle.

ROGER — C'est incroyable!

LE CHEF — Il y a une fillette d'à peu près seize ans parmi eux.

ROGER — Mais ce sont des enfants!

LE CHEF — Incroyable mais vrai. Selon Ledoux, ils devaient vendre à peu près cent mille cigarettes par mois.

ROGER — Et comment qu'il s'y est pris pour les pincer?

LE CHEF — Un hasard, je crois. Il a tout découvert aujourd'hui. Mais il nous racontera ça tout à l'heure.

ROGER — Il a aussi découvert leur fournisseur?

LE CHEF — Je crois pas. Voilà surtout ce qu'il nous faut apprendre. C'est un détail d'une grande importance, car le sachant, nous pourrions aller directement à la cellule nerveuse qui contrôle probablement tous les réseaux de contrebande dans la province.

ROGER — Ce sera facile de faire parler les enfants.

LE CHEF — Comptez pas trop vite sur des aveux faciles, Roger. Il y a des enfants tenaces vous savez, qui rêvent, encore aujourd'hui, d'héroïsme. Seulement, ils savent pas très bien comment et où se faire valoir.

ROGER — Ils parleront, chef, c'est moi qui vous le dis.

Entre Ledoux. Nous reconnaissons tout de suite en lui l'homme à l'imperméable bleu et chapeau gris du premier acte.

LEDOUX — Bonsoir, chef; salut, Roger. *(Il va vers la patère se dévêtir.)*

LE CHEF — Bonsoir, Ledoux.

ROGER — Salut.

LEDOUX — Ils sont là chef. Je pense qu'on les a eus au complet. On a saisi environ soixante mille cigarettes dans leur hangar.

LE CHEF — Félicitations, Ledoux.

LEDOUX — Voulez-vous les interroger tout de suite?

LE CHEF — Oui. Mais avant, on aimerait savoir comment vous les avez découverts. On a besoin de certains faits pour les interroger efficacement.

LEDOUX — Voilà, chef. C'est une chance que j'ai eue. Oui, une vraie chance. Comme vous le savez, depuis quelques semaines, j'étais chargé d'investiguer dans la zone numéro sept où des rapports affirmaient que la contrebande de cigarettes américaines prenait des proportions de plus en plus inquiétantes. Mais jusqu'aujourd'hui, j'avais encore rien trouvé. Et c'est au début de l'après-midi que je suis tombé sur la bonne piste. Il faut vous dire qu'à ce moment-là je m'attendais pas à des trouvailles sensationnelles. J'étais même un peu découragé. Je marchais tranquillement rue Atwater, l'œil un peu vide, la tête creuse, quand tout d'un coup, à l'intersection d'une rue, je me fais bousculer par un jeune garçon et je sens une main qui glisse dans mon veston. Je laisse faire. Je fais semblant de pas m'en être aperçu et je file celui qui vient de m'emprunter mon portefeuille. Il me conduit dans une ruelle où je me cache et il disparaît dans une cour. Je m'aventure jusque-là. J'y trouve un grand garçon chétif et pas très brillant qui semble s'inquiéter de ma présence. Je fais mine de rien et je retourne me cacher dans la ruelle. Cinq minutes plus tard, je vois mon voleur qui sort de la cour avec un paquet sous le bras. Je le laisse passer et j'emboîte le pas derrière. Il me fait marcher comme ça pendant quinze minutes et il s'arrête tout d'un coup devant une maison riche du quartier. Il sonne et il entre. Je reste au coin de la rue et j'attends. Quand il sort, y a plus de paquet sous le bras. Je le laisse s'éloigner un peu et je me dirige vers la même maison.

LE CHEF — Là vous découvrez qu'il vient de vendre deux mille cigarettes et vous me donnez un coup de téléphone.

LEDOUX — Exactement. Après je demande une brigade spéciale et je les poste dans la ruelle de manière à cerner la cour. Je m'y rends d'abord le premier et je découvre qu'ils sont cinq. Je reprends mon portefeuille dans la poche du jeune voleur, je reviens vers mes hommes et je donne le signal. On attaque, ils essaient de se sauver mais pas un nous échappe.

LE CHEF — Bon, c'est parfait. Vous avez trouvé des armes sur eux?

LEDOUX — Non. On les a fouillés inutilement. J'ai d'abord cru qu'y en avait un armé, celui qui paraît être leur chef, mais on a reviré ses poches à l'envers et on n'a rien trouvé.

LE CHEF — Alors, on va commencer tout de suite l'interrogatoire. Faites entrer les moins durs d'abord.

LEDOUX — Bien chef... Le premier a pas l'air tout à lui, faut pas vous étonner... *(Il sort. On l'entend qui dit dans la coulisse:)* Viens, toi. *(Moineau paraît, suivi de Ledoux.)* Entre là et assieds-toi. *(Moineau se dirige vers le tabouret mais reste debout.)*

LE CHEF — Assieds-toi.

Il ne bouge pas. Roger va vers lui et l'aide brutalement à s'asseoir.

ROGER — T'es sourd?

MOINEAU — Non, je prenais mon temps.

LE CHEF — Ton nom?

MOINEAU — Moineau.

LE CHEF — Ton vrai nom?

MOINEAU — Moineau. J'en connais pas d'autre.

LEDOUX — Perdez pas votre temps chef, y est sans génie.

MOINEAU — Pourquoi que vous dites ça ?

LEDOUX — T'as pas l'air tellement brillant.

MOINEAU — Vous devriez vous regarder dans un miroir avant de parler.

LEDOUX, *qui le saisit au collet* — Écoute l'ami !...

LE CHEF — C'est bon, Ledoux, laissez. *(À Moineau :)* Ton âge ?

MOINEAU — Vingt ans, à peu près.

LE CHEF — Qu'est-ce que tu fais pour gagner ta vie ?

MOINEAU — Toutes sortes de choses. Un jour j'en fais une, le lendemain j'en fais une autre : ça fait que j'ai pas le temps de m'ennuyer.

ROGER — Le chef t'a posé une question précise, donne une réponse précise.

MOINEAU — J'ai répondu du mieux que j'ai pu. Comment voulez-vous que je vous donne des précisions si je fais jamais la même chose ?

LEDOUX — Pourquoi que tu flânais dans un fond de cour cet après-midi ?

MOINEAU — Je flânais pas, je jouais de la musique à bouche.

LEDOUX — Et ce soir qu'est-ce que tu faisais ?

MOINEAU — Je jasais avec mes amis.

LE CHEF — Et quand tu joues pas de la musique à bouche, quand tu jases pas avec tes amis, qu'est-ce que tu fais pour passer le temps ?

MOINEAU — Ça dépend. Des fois, je lis un peu.

ROGER — Tu lis quoi ?

MOINEAU — Des « comics » à dix cents.

LEDOUX — Belle lecture !

MOINEAU — C'est vrai. Moi, c'est les histoires du « surhomme » que j'aime le plus.

LE CHEF — Et quand tu lis pas ?

MOINEAU — Je travaille.

LE CHEF — Où ?

MOINEAU — Un peu partout.

ROGER, *plus dur* — Où ?

MOINEAU — Des fois pour les voisins.

ROGER — Tu travailles à quoi, pour les voisins ?

MOINEAU — Ça dépend des jours. Je fais ce qu'ils me demandent de faire. C'est pas moi qui choisis.

LE CHEF — Parmi tous ces petits travaux, tu fais pas de contrebande de cigarettes par hasard ? *(Moineau ne répond pas.)*

ROGER — On t'a posé une question, l'ami.

MOINEAU — Je sais pas ce que vous voulez dire.

LE CHEF — Tu n'as jamais livré de cigarettes américaines nulle part ?

MOINEAU — Jamais. On me demande souvent de porter les colis à certains endroits mais je regarde jamais ce qu'y a dedans.

ROGER — Tu fais le naïf, hein?

LE CHEF — C'est vrai, Moineau, tu fais le naïf. Mais ça prend pas beaucoup ici ce genre-là. *(Astucieux.)* Et si je te disais moi qu'on a des preuves, qu'on t'a suivi plusieurs fois, qu'on sait tout, qu'on peut même t'énumérer les jours, les heures et les adresses où tu as été surpris en flagrant délit sans le savoir.

MOINEAU — Pourquoi que vous me questionnez si vous savez tout?

LE CHEF — C'est parce qu'on veut en savoir plus long. Il nous manque juste une petite chose et c'est la plus importante...

LEDOUX — Ça veut dire que si tu nous renseignais ça nous rendrait un grand service.

ROGER — Et quand on rend des grands services on est récompensé.

LE CHEF — Autrement dit, on aimerait bien connaître le nom de celui qui vous fournissait les cigarettes et le lieu de leur provenance.

LEDOUX — Comme tu vois, on te demande pas beaucoup.

ROGER — C'est presque rien même.

MOINEAU — J'ai jamais fait la contrebande, je sais pas de quoi vous parlez.

ROGER — Tu mens.

LEDOUX — On a trouvé soixante mille cigarettes dans votre hangar.

LE CHEF — Qu'est-ce que vous faisiez avec ces cigarettes ?

LEDOUX — Vous vouliez les fumer, je suppose ?

LE CHEF — Allons, parle, dis-nous le nom du fournisseur. *(Moineau se tait.)*

LEDOUX — Réponds.

ROGER — Réponds, ou bien on te jette en prison tout de suite. *(Moineau se tait toujours.)*

LE CHEF — Tu veux rien dire, hein ?

MOINEAU — Non. Je suis pas un traître moi.

LE CHEF — Évidemment, Moineau. Tu as l'air trop honnête pour ça... Mais si tu dis que tu n'es pas un traître, c'est parce qu'il y a quelque chose que tu pourrais trahir. Et tu te trahis par le fait même. Tu es un traître Moineau, comme tous ceux qui vont passer après toi. Ils vont tous finir par parler eux aussi. Le mieux que tu peux faire maintenant c'est de tout dire pour pas empirer ton cas.

ROGER — Vas-y, dis-le ce que tu veux pas trahir.

LEDOUX — C'est pas la peine de nous faire perdre du temps pour rien puisque tu sais qu'on réussira à tout savoir.

MOINEAU — Vous vous trompez. Vous saurez rien de moi... J'ai pas l'air brillant, c'est vrai, mais j'ai la tête dure.

LE CHEF — Tu veux rien sortir, hein?

MOINEAU — Non.

ROGER — Pourquoi?

MOINEAU — Parce que je sais rien, parce que vous posez trop de questions, parce que je suis fatigué et que j'ai envie de jouer de la musique... Je veux que vous me laissiez tranquille, je vous ai rien fait moi.

LE CHEF — Bien sûr, tu nous as rien fait, mais tu as transgressé la loi et nous on représente la loi mon garçon. Quand on veut pas avoir d'ennuis avec la police, on s'arrange pour respecter la justice, tu comprends? Pourquoi t'es-tu fait contrebandier Moineau, pour devenir riche?

MOINEAU — Non.

LE CHEF — Pourquoi faire alors?

MOINEAU — Pour gagner un peu d'argent.

LE CHEF — Donc tu faisais de la contrebande!

MOINEAU — Vous m'avez dit que vous le saviez tout à l'heure.

LE CHEF — C'était un petit truc pour te faire parler. Tu vois, on réussit toujours à savoir ce qu'on veut. Mais revenons à nos moutons. Tu disais que tu faisais la contrebande pour gagner de l'argent, ça revient donc à ce que je disais: c'était pour t'enrichir?

MOINEAU — Non. Je voulais gagner de l'argent pour apprendre la musique... pour m'acheter une autre musique à bouche que celle-là *(il la montre)*, une vraie, une plus longue avec beaucoup de clés et beaucoup de notes.

LEDOUX — Je vous avais prévenu chef, ça va pas du tout dans le ciboulot...

LE CHEF — Mais non Ledoux, mais non, je trouve au contraire qu'il a l'air très intelligent moi.

MOINEAU — Si vous dites ça pour me faire parler, vous vous trompez d'adresse.

LE CHEF — Je me tromperais d'adresse, Moineau, si je te promettais un harmonica selon tes goûts.

MOINEAU — Oui. Parce que je sais qu'avec Tarzan je pourrai tout avoir un jour.

LE CHEF — Qui est Tarzan?

MOINEAU — C'est notre chef. Lui non plus parlera pas, vous allez voir.

ROGER — Et si on vous jette tous en prison, tu vas être bien avancé avec ton Tarzan.

MOINEAU — Ça fait rien, un jour on en sortira et on deviendra quelqu'un, il nous l'a promis.

LE CHEF — Tu l'aimes beaucoup ton chef?

MOINEAU — Oui.

LE CHEF — Pourquoi?

MOINEAU — Parce que c'est lui qui va nous sauver. Parce qu'avec lui j'aurai ce que je cherche dans la vie. Je deviendrai musicien.

LE CHEF — C'est bon. J'en ai assez entendu de celui-là. Faites-le sortir et amenez le deuxième.

LEDOUX — Bien, chef.

LE CHEF — Gardez-le tout près quand même, nous pourrions nous en servir plus tard.

LEDOUX, *à Moineau* — Allons, viens. *(Moineau s'apprête à sortir par la gauche, mais Ledoux le pousse vers le fond.)* Non, par là. *(Ils sortent.)*

LE CHEF — C'est un commencement. On y verra clair, Roger, on y verra clair.

ROGER — Oui, mais vous prenez pas le temps de les pousser à bout, chef, vous êtes trop tendre.

LE CHEF — C'est pas nécessaire, Roger. C'est quand on les fait revenir souvent qu'on les fait avouer. Ils se contredisent et on les attrape. D'ailleurs, je calcule que celui-là m'en a dit beaucoup quand il m'a parlé de son chef. Soyez patient, soyez patient, vous allez voir.

Entre Tit-Noir très souriant et très à l'aise. Il est suivi de Ledoux.

TIT-NOIR, *au chef* — Bonsoir, monsieur.

ROGER — Assieds-toi.

TIT-NOIR — Vous êtes bien gentil, monsieur.

LE CHEF — Dis ton nom.

TIT-NOIR — Tit-Noir.

ROGER — C'est pas un vrai nom, ça.

TIT-NOIR — Je sais bien mais c'est pas de ma faute... Quand j'étais jeune, j'avais les cheveux noirs et mon père m'ap...

ROGER — Ça va, ça va.

TIT-NOIR — Bon, comme vous voudrez, mais vous perdez une maudite belle histoire.

LEDOUX — Dis ton vrai nom.

TIT-NOIR — J'aime autant pas, y est pas original.

ROGER — Fais pas le drôle, c'est pas le moment.

TIT-NOIR — Correct d'abord, vous l'aurez voulu, je m'appelle Arsène.

ROGER — Arsène qui ?

TIT-NOIR — Arsène Larue.

LE CHEF — Qu'est-ce que fait ton père ?

TIT-NOIR — Y est mort, monsieur. Une nuit qu'y était en boisson. Il s'est aperçu de rien.

LE CHEF — Et toi ?

TIT-NOIR — Moi ?

LE CHEF — Qu'est-ce que tu fais ?

TIT-NOIR — Je fais vivre ma mère.

LE CHEF — Tu travailles ?

TIT-NOIR — Dans une manufacture de chaussures pour dames, monsieur.

LE CHEF — Le nom de la compagnie ?

TIT-NOIR — La « Rubber and Leather Shoe Limited », monsieur.

LEDOUX — En quoi consiste ton travail ?

TIT-NOIR — À faire le p'tit talon, monsieur, celui que les femmes usent le plus vite.

ROGER — Quelles sont tes heures régulières ?

TIT-NOIR — Six heures du matin à trois heures de l'après-midi.

LE CHEF — Et après?

TIT-NOIR — Après?

LE CHEF — Oui, après?

TIT-NOIR — Après quoi, monsieur?

ROGER — Quand tu sors de ton ouvrage, qu'est-ce que tu fais?

TIT-NOIR — Je rentre à la maison. Ma mère a toujours besoin de moi.

LEDOUX — Sauf ce soir?

TIT-NOIR — Sauf ce soir, monsieur.

LE CHEF — Écoute, petit, on n'a pas le temps de s'amuser nous autres: on est certains que tu fais la contrebande des cigarettes américaines, on a...

TIT-NOIR — On a dû mal vous renseigner, monsieur.

LE CHEF — Non. On est certains et on a des preuves...

TIT-NOIR — Montrez-les.

ROGER — Sois poli, le jeune. C'est pas comme ça qu'on parle au chef.

TIT-NOIR — C'est comment alors? Moi j'ai pas d'expérience.

LEDOUX — T'écoutes d'abord ce qu'il a à dire et tu réponds ensuite.

TIT-NOIR — Oui, mais quand il dit des menteries, je l'arrête.

ROGER — Non, t'écoutes, tu m'entends, t'écoutes comme il faut.

TIT-NOIR, *au chef* — Continuez, j'écoute.

LE CHEF — Donc on est certains que tu fais la contrebande. Ton ami nous l'a dit tout à l'heure.

TIT-NOIR — Pauvre Moineau, vous avez dû le torturer.

LE CHEF — Pas du tout. On a simplement été gentils avec lui, comme on sera gentils avec toi si tu réponds comme du monde.

TIT-NOIR — Je vous crois pas. Vous avez dû lui faire du mal pour qu'il avoue.

LEDOUX — Mais non, on te le dit, tout s'est passé simplement.

ROGER — Dans la plus stricte intimité.

LE CHEF, *astucieux* — On aurait voulu en savoir plus long mais quand il a eu déclaré que vous étiez organisés tous les cinq pour faire de l'argent avec la contrebande il a ajouté qu'il en avait assez dit.

LEDOUX — Et très gentiment on l'a reconduit à côté dans la salle d'attente.

TIT-NOIR — Y aurait pas dû le dire, y aurait dû se taire.

LE CHEF — Comme tu aurais fait si tu avais été à sa place.

TIT-NOIR — Oui. J'aurais pas parlé.

LE CHEF — Alors, si je comprends bien, tu avoues toi aussi ?

TIT-NOIR — Quoi ?

LE CHEF — Que vous faisiez tous les cinq de la contrebande ?

TIT-NOIR — Mais non, j'avoue rien.

LE CHEF — Mais oui puisque tu dis que Moineau aurait dû se taire. C'est donc que tu avoues qu'il y avait quelque chose à cacher.

LEDOUX — Et en l'occurrence, ce petit quelque chose…

ROGER — C'était la contrebande.

LE CHEF — Voilà !

TIT-NOIR — Vous êtes pas propres.

LE CHEF — On fait notre métier, mon petit… Maintenant passons à autre chose : ce qui nous intéresse plus particulièrement dans cette histoire c'est de savoir où vous faites provision de cigarettes. Autrement dit, qui est votre fournisseur ?

TIT-NOIR, *après une pause. Il les regarde tous trois* — Y a des questions comme ça qui demeurent sans réponse…

ROGER — Tu fais mieux d'être sérieux mon garçon.

TIT-NOIR — Mais je peux pas monsieur.

LEDOUX — Pourquoi ?

TIT-NOIR — Parce que je sais rien et que je comprends pas la langue que vous me parlez. Pour moi c'est comme de l'anglais, ou du chinois.

LE CHEF — Tu veux ruser à ton tour maintenant ?

TIT-NOIR — Pas du tout. J'essaie simplement de vous faire comprendre que vous pourrez plus me prendre au piège.

ROGER — Tu sais pas ce que tu perds.

LEDOUX — On récompense bien les aveux, ici.

TIT-NOIR — Pour dix mille piastres, j'avouerai tout ce que vous voudrez monsieur.

ROGER, *le rudoyant* — Pas de niaiseries, c'est pas le moment.

LE CHEF — Tu peux nous dire quels motifs t'ont poussé à te lancer dans ce commerce ?

TIT-NOIR — Non.

LE CHEF — Tu as tort. Je suis prêt à tout considérer, moi.

TIT-NOIR — Pour mieux me faire chanter ? Je connais ça.

LE CHEF — Mais non. Si tu as de bonnes raisons il se peut qu'on adoucisse ta punition, qu'on te libère plus vite.

TIT-NOIR — Donnez-moi la punition que vous voulez, ça m'est égal.

ROGER — T'as tort de le prendre comme ça.

LEDOUX — Vraiment tort.

LE CHEF — C'est pas trahir ni avouer que d'expliquer pourquoi tu fais la contrebande.

TIT-NOIR, *il les regarde tous* — Y a rien qu'une raison monsieur.

LE CHEF — Dis-la, je t'écoute.

TIT-NOIR — Plus tard, quand je me marierai, je veux que mes enfants vivent bien et ma femme aussi. Parce que je me marierai un jour monsieur ! Ça vous étonne mais je suis capable de ça vous savez !

LE CHEF — Ça m'étonne pas, continue.

TIT-NOIR — Moi, j'ai pas pu faire ce que je voulais dans la vie, parce que mes parents étaient pauvres.

LE CHEF — Qu'est-ce que tu désirais faire dans la vie ?

TIT-NOIR — Je voulais m'instruire et devenir... et devenir prêtre.

LE CHEF — Je vois.

TIT-NOIR — C'est à l'âge de douze ans que je rêvais à ça, mais aujourd'hui, je sais bien que... *(Il n'a pas le temps d'achever sa phrase que le téléphone sonne. Le chef décroche et fait signe à Tit-Noir d'attendre.)*

LE CHEF — ALLÔ !... Oui, oui, c'est moi... Quoi ?... Quand ?... Cet après-midi vers six heures ?... Bon... Vous dites ?... On l'a retrouvé que ce soir ?... Aucun indice, aucune trace ? Vous soupçonnez personne ?... C'est bien. Je m'occupe de l'enquête... Oui, oui, poursuivez vos recherches de votre côté... et tenez-moi au courant de tout... Salut. *(Il raccroche. Il médite quelques secondes et revient aux autres qui le regardent interloqués.)*

LE CHEF — Faites sortir le petit et que le suivant attende.

LEDOUX — Oui, chef. *(À Tit-Noir.)* Allez, viens.

TIT-NOIR, *qui se fait entraîner vers le fond* — Mais j'ai pas fini ! Vous êtes pas très polis !

ROGER — On te reprendra plus tard si tu y tiens.

LEDOUX — En attendant tu vas aller rejoindre ton petit frère. *(Ils sortent. On entend Ledoux qui crie dans la coulisse :)* Faites attendre le suivant. *(Et il revient immédiatement.)* Qu'est-ce qui se passe chef?

LE CHEF — Messieurs, les événements se précipitent. Un douanier américain a été tué d'une balle de 0.38 vers six heures cet après-midi alors qu'il faisait sa ronde dans les bois. On a retrouvé son corps vers neuf heures ce soir. Je suis chargé de l'enquête de ce côté-ci ; Spencer a commencé la sienne de l'autre côté.

ROGER — Faut donc arrêter l'interrogatoire ?

LE CHEF — Au contraire, faut le poursuivre. C'est le début de mon enquête.

LEDOUX — Vous avez des soupçons, chef? Moi, je crois pas ces enfants capables de...

LE CHEF — Ils peuvent nous aider, nous mettre sur une piste. Il y a quelqu'un qui leur vendait des cigarettes et quelqu'un qui les passait. Faut remonter à la source et le savoir à tout prix. Faites entrer la petite fille, Ledoux, et jouons la partie serrée.

LEDOUX — Immédiatement, chef. *(Ledoux sort. Il crie en coulisse :)* La petite, oui.

ROGER — On y va plus durement?

LE CHEF — Plus durement, mais sans frapper. Vous me comprenez? *(Entre Ciboulette suivie de Ledoux. Elle se dirige vers le tabouret et s'assoit sans avoir regardé personne.)* Ton nom?

CIBOULETTE — Mon nom vous dira rien.

LE CHEF — C'est nécessaire pour les dossiers.

LEDOUX — Dis ton nom.

CIBOULETTE — Je m'appelle Ciboulette.

ROGER — V'là qu'on tombe dans le jardinage maintenant!

LEDOUX — Dis ton nom de baptême et ton nom de famille.

CIBOULETTE — Je m'appelle Ciboulette.

LE CHEF — Tu as peur qu'on prévienne tes parents?

CIBOULETTE — Prévenez-les, prévenez-les pas, ça leur est sûrement égal.

LE CHEF — C'est bon. On s'occupera de ça plus tard.

LEDOUX — Pour le moment, on a des choses plus importantes à te demander.

ROGER — Et on compte sur toi pour les apprendre.

LE CHEF — Tu sais pourquoi tu es ici?

CIBOULETTE — Je m'en doute un peu.

LE CHEF — Tu avoues avoir fait la contrebande?

CIBOULETTE — J'avoue rien. Vous m'avez arrêtée, je sais pourquoi.

LE CHEF — Oui et on a des preuves.

CIBOULETTE — Qu'est-ce que vous voulez de plus?

LE CHEF — On aimerait savoir où vous preniez vos cigarettes?

LEDOUX — Qui vous les vendait?

CIBOULETTE — Vous perdez votre temps, je parlerai pas.

LE CHEF — Évidemment.

LEDOUX — Les deux autres ont répondu la même chose. Seulement depuis que t'es entrée, la situation s'est un peu aggravée et on a décidé de te faire parler de force.

CIBOULETTE — Vous avez pas le droit.

ROGER — Un douanier américain a été tué cet après-midi pendant qu'il faisait sa ronde dans les bois.

À cette nouvelle Ciboulette est saisie de frayeur et ne peut le cacher. Elle revoit l'étrange regard de Tarzan au retour de son expédition.

LE CHEF — Et les douaniers, le plus souvent, sont tués par des contrebandiers.

CIBOULETTE, *répétant les paroles de Tarzan à Passe-Partout* — « On n'est pas des assassins nous autres... on n'est pas des criminels... on n'a jamais tué personne. »

LEDOUX — Va falloir nous le prouver.

LE CHEF — Un douanier c'est un représentant de la loi. C'est grave de tuer un douanier.

CIBOULETTE — Vous inventez des mensonges pour me faire parler, mais vous réussirez pas, vous réussirez pas.

LEDOUX — Reste calme et réponds à ce qu'on t'a demandé.

CIBOULETTE — Non.

LEDOUX — Tu vas obéir.

CIBOULETTE — Je peux pas, je sais rien.

LE CHEF — Vous avez reçu des cigarettes aujourd'hui ?

CIBOULETTE — Non.

ROGER — Vous en attendiez ?

CIBOULETTE — Non.

LEDOUX — Essaie pas d'en sortir : ce que tu sais tu vas le dire.

CIBOULETTE — J'ai rien à dire.

ROGER — T'as changé de visage quand t'as appris la mort du douanier.

CIBOULETTE — C'est pas vrai.

LE CHEF — Oui, c'est vrai.

LEDOUX — On t'a vue tous les trois.

ROGER — Pourquoi que t'as changé de visage ?

CIBOULETTE — J'ai pas changé de visage.

LE CHEF — Écoute, mon enfant, je suis prêt à vous aider moi, je tiens même à vous sauver ; la seule condition que je pose c'est que vous répondiez à nos questions. Qu'est-ce que vous faisiez quand vous avez été arrêtés ? Vous attendiez quelqu'un ?

CIBOULETTE — Non.

ROGER — Vous faisiez quoi ?

CIBOULETTE — On faisait rien, on parlait.

LE CHEF — Vous parliez ? Qu'est-ce que vous disiez ?

CIBOULETTE — Des mots, rien que des mots.

LEDOUX — À quelle heure que vous deviez les recevoir ?

CIBOULETTE — Quoi ?

LEDOUX — Les cigarettes.

CIBOULETTE — On n'attendait pas de cigarettes.

ROGER — Dis-nous quand vous en avez reçu pour la dernière fois ?

CIBOULETTE — Je me souviens pas, j'étais pas là.

LEDOUX — Mais vous les receviez, ça c'est certain ?

CIBOULETTE — Oui, on les recevait.

LE CHEF — Qui les apportait ?

CIBOULETTE — Je sais pas, un homme.

LE CHEF — Son nom ?

CIBOULETTE — On me l'a jamais dit.

LEDOUX — Tu l'as jamais entendu prononcer par les autres ?

CIBOULETTE — Non. Et je l'ai jamais vu.

LE CHEF — Tu mens.

ROGER — Tu vas finir ta vie en prison...

LEDOUX — ... au pain et à l'eau...

LE CHEF — … si tu dis pas la vérité.

LEDOUX — Et c'est pas drôle la vie en prison.

CIBOULETTE — Mettez-moi en prison, ça m'est égal.

ROGER — Tu dis ça parce que tu sais pas ce que c'est.

CIBOULETTE — Je dis ça parce que je le pense.

LE CHEF — Qui a fait le coup ?

LEDOUX — Dis.

ROGER — Qui ?

CIBOULETTE — Vous saurez rien, c'est inutile.

LE CHEF — C'est donc que tu sais quelque chose.

LEDOUX — Tu connais l'assassin.

ROGER — Dis-nous son nom !

LEDOUX — Son nom !

LE CHEF — Son nom !

CIBOULETTE — Arrêtez, vous me rendez folle.

LE CHEF — Parle et on te relâche.

ROGER — On te questionne plus.

LEDOUX — Parle et tu seras libre.

LE CHEF — On veut seulement savoir un nom.

ROGER — Rien qu'un nom et tu sauves les autres.

LEDOUX — C'est pas beaucoup demander.

LE CHEF — C'est même presque rien.

CIBOULETTE — Je le sais pas, je sais rien.

LEDOUX — Oui, tu le sais.

ROGER — Mais tu nous prends pour des andouilles.

LEDOUX — On est sûrs que tu le sais parce que c'est écrit dans tes yeux.

CIBOULETTE, *qui ferme les yeux* — Y a rien d'écrit dans mes yeux.

ROGER — Oui.

CIBOULETTE — Non.

LEDOUX — T'as beau les fermer on voit quand même.

LE CHEF — On voit au travers.

LEDOUX — Vas-y, dis-le !

LE CHEF— Détends-toi et dis-le, tu vas voir, c'est facile.

LEDOUX — Tu seras délivrée après.

ROGER — T'auras plus à le cacher.

LE CHEF — Essaie. Juste à ouvrir les lèvres et c'est fini.

LEDOUX — Une ou deux syllabes c'est rien dans une conversation.

CIBOULETTE — Laissez-moi, laissez-moi que je vous dis.

LE CHEF — Après, on te laissera.

ROGER — Après l'aveu, c'est juré. *(Il lui touche l'épaule.)*

CIBOULETTE — Touchez-moi pas, vous avez pas le droit, touchez-moi pas.

LE CHEF — Parle alors !

ROGER — C'est la seule chose à faire.

LEDOUX — Si tu veux en sortir.

LE CHEF — Parle !

ROGER — Parle !

LEDOUX — Parle !

ROGER — Parce qu'on te lâchera pas.

LEDOUX — On va aller jusqu'au bout.

ROGER — Jusqu'à ce que tu le dises.

LEDOUX — Jusqu'à ce que tu avoues.

LE CHEF — Jusqu'à ce que tu le cries.

CIBOULETTE, *qui se lève le regard perdu et crie* — Non... je parlerai pas... je parlerai pas... *(Elle se sent défaillir.)* Tarzan ! Tarzan ! Viens me sauver. *(Elle s'affaisse. Roger se penche et la ramasse. Sa tête est inerte et tombe en arrière.)*

LE CHEF — Elle s'est évanouie. C'est dommage. On allait la faire parler. Menez-la à l'infirmerie, Roger, et dites que c'est une crise de nerfs.

ROGER — Bien, chef.

LE CHEF — Et revenez tout de suite, hein ! *(Roger sort avec Ciboulette dans ses bras.)* Ce Tarzan dont ils parlent à tour de rôle semble leur inspirer beaucoup de respect.

LEDOUX — C'est le plus vieux des cinq. Je le conservais pour en dernier. Je pense qu'il sera très dur à manœuvrer.

LE CHEF — Quel genre ?

LEDOUX — Genre fier et orgueilleux, la tête droite, le corps élancé. L'arrogance dans les yeux. C'est leur chef, apparemment. C'est lui qui devait leur donner les ordres.

LE CHEF — Je vois. On va l'entreprendre tout de suite. Allez me le chercher.

LEDOUX — Oui, chef. *(Ledoux sort.)*

LE CHEF — Ils peuvent éclaircir ce meurtre, je le sens. Quand on a parlé du douanier, la petite a eu un recul de frayeur, elle s'est trahie quelques secondes... On peut évidemment pas la reprendre cette nuit dans l'état où elle est. Il s'agit de faire parler les autres surtout.

Ledoux pousse Tarzan à l'intérieur du bureau. Tarzan est crispé. Il voit que Ciboulette n'est pas là. Il perd la tête et fonce sur le chef de police.

TARZAN — Qu'est-ce que vous avez fait à Ciboulette ? Vous êtes des lâches, rien que des lâches.

LEDOUX, *l'attrape à temps et le fait asseoir de force* — Prends ton siège et reste tranquille. C'est mieux pour toi.

TARZAN — Mais je la connais Ciboulette, je suis certain qu'elle a pas parlé. Je suis...

LE CHEF — Silence ! Ton nom ?

TARZAN — On m'appelle Tarzan.

LE CHEF — Ça va. On connaît la farce.

TARZAN — Quelle farce ?

LE CHEF — Dis ton vrai nom.

TARZAN — Si ça me plaît.

LEDOUX, *lui donne une gifle derrière la tête* — C'est pas comme ça qu'on répond ici.

TARZAN — Je m'appelle François Boudreau.

LE CHEF — Ton âge?

TARZAN — Vingt et un ans.

LE CHEF — Tu es majeur, donc responsable. Qu'est-ce que tu fais dans la vie?

TARZAN — Je suis orphelin.

LE CHEF — À part ça?

TARZAN — Rien.

LE CHEF — Où demeures-tu?

TARZAN — Chez mon oncle, quand ça me le dit.

LE CHEF — Pourquoi, quand ça te le dit?

TARZAN — Parce que mon oncle et moi on s'aime pas. Quand je peux aller dormir ailleurs je le fais.

LE CHEF — C'est toi le chef des cinq?

TARZAN — C'est moi.

LE CHEF — Pourquoi fais-tu la contrebande?

TARZAN — Pour vivre.

LE CHEF — Tu peux pas vivre en travaillant honnêtement?

TARZAN — Travailler honnêtement, ça veut rien dire. Je veux vivre mieux que les pauvres, que les caves.

LE CHEF — Je vois. Tu sais que c'est défendu la contrebande?

TARZAN — Je me fiche des lois.

LE CHEF — Les lois sont faites pour tout le monde, mon garçon.

TARZAN — Pas pour moi.

LE CHEF — Surtout pour toi.

TARZAN — Non, monsieur.

LE CHEF — Et pourquoi pas pour toi comme pour les autres?

TARZAN — J'ai mes raisons.

LE CHEF — Tu veux les dire?

TARZAN — Ça peut pas vous intéresser.

LE CHEF — Comme tu voudras. Je suis prêt à t'entendre, moi.

TARZAN — Mais vous pourriez pas comprendre. Vous êtes pas là pour ça, vous, vous êtes là pour faire parler. Et quand vous avez réussi à tout savoir, vous êtes bien content, vous vous calez dans votre chaise et vous gueulez des ordres... Vous pourriez pas comprendre.

LE CHEF — C'est bon. Je t'ai tendu la perche; tu aurais pu te défendre, mais...

TARZAN — Je suis pas venu ici pour me défendre et j'y tiens pas.

LE CHEF — Parfait. Tu le regretteras peut-être... Maintenant, récapitulons. Tu es le quatrième à passer ici. Les trois autres ont parlé. Grâce à eux on sait pas mal de choses. Vous êtes cinq jeunes contrebandiers et vous faites la contrebande pour sortir de votre condition. Les cigarettes, nous l'avons appris par la petite, on vous les livrait à votre hangar *(ici Tarzan a un sourire)*, là, vous remplissiez les commandes et vous les portiez à vos clients. C'est toi probablement qui dirigeais les affaires... Pour nous maintenant, tout cela est clair. Il nous manque un seul petit détail. Les autres ont pas pu nous renseigner parce qu'ils le savaient pas, mais toi tu vas nous le dire étant donné que tu es le chef.

TARZAN — Faites-vous pas d'illusions. Vous réussirez jamais à me faire parler.

LE CHEF — Tous les voleurs et les criminels disent la même chose. Pourtant ils finissent toujours par faiblir. On connaît de très bons moyens pour délier les langues, tu sais. Avec toi, on peut tous les employer.

TARZAN — Dans les films de détectives aussi ils commencent par faire peur, mais si l'accusé est fort, si c'est pas un enfant, il se tait jusqu'au bout et c'est la police qui frappe un nœud.

LE CHEF — C'est vrai. Mais le cinéma et la vie c'est deux choses. Ici, tu n'es pas au cinéma, tu es dans la vie et tu n'as pas de chance.

TARZAN — Je compte pas sur la chance, je compte sur moi tout seul.

LE CHEF, *dur* — Ça suffit ! C'est toi qui as entraîné les autres dans cette histoire, hein ?

TARZAN — J'ai forcé personne. On s'est entendus tous les cinq franchement et on savait ce qu'on faisait.

LE CHEF — Ça te donne pas de remords de voir que vous êtes pris maintenant?

TARZAN — Ça me donne aucun remords. Quand on est un homme on regrette pas ce qu'on fait même si on manque son coup.

LE CHEF — Même si tu as perverti une petite de seize ans?

TARZAN — Je l'ai pas pervertie. Ciboulette nous vaut tous, c'est même la plus dure, la plus vraie, la plus sincère des cinq. Elle vous vaut bien des fois, monsieur...

LEDOUX, *le frappe à nouveau* — Je t'ai dit de...

LE CHEF — Laissez, Ledoux. *(À Tarzan.)* Tu as raison. Ciboulette est une petite fille dure et sincère mais sais-tu qu'elle a eu peur tout à l'heure? Sais-tu qu'elle a tremblé et que si ses forces lui avaient pas manqué, elle aurait probablement tout dit?

TARZAN, *crie* — C'est pas vrai!

LEDOUX — Mais oui, c'est vrai. Tu peux me croire, j'étais là moi.

LE CHEF — Où te trouvais-tu cet après-midi?

TARZAN — Je sais pas... quelque part, en ville.

LE CHEF — Tu peux préciser?

LEDOUX — T'aurais pas marché du côté des douanes par hasard?

TARZAN, *sursaute* — Pour faire quoi?

LEDOUX — Je sais pas, pour prendre l'air peut-être ?

LE CHEF — Cet après-midi, quelqu'un t'a vu en ville ?

TARZAN — Oui, beaucoup de gens.

LEDOUX — Qui ?

TARZAN — Tous ceux que j'ai rencontrés dans la rue.

LE CHEF — C'est pas un alibi.

LEDOUX — Tu peux nommer personne ?

TARZAN — Vous imaginez-vous que j'ai pris la liste des noms ?

LEDOUX — Et ton revolver, où l'as-tu caché ? Le sergent t'a fouillé et n'a rien trouvé.

TARZAN — J'ai jamais eu de revolver.

LEDOUX — Je te crois pas. T'en avais un quand je vous ai rendu ma première visite ce soir.

TARZAN — J'en avais pas. J'ai fait un geste pour vous faire peur et vous avez mordu.

LE CHEF — Un douanier a été tué au cours de la journée. *(Tarzan a un léger sursaut.)*

LEDOUX — Ça te dit quelque chose ?

TARZAN — Non. *(Entre Roger. Tarzan en profite pour se détendre.)*

LE CHEF — Elle va mieux ?

ROGER — Oui. Elle est encore très nerveuse.

LE CHEF — Elle n'a pas parlé en revenant à elle ?

ROGER — Elle a dit quelques mots. *(Il regarde Tarzan.)*

TARZAN, *qui a un peu peur* — Qu'est-ce qu'elle a dit?

LEDOUX — Silence! Les questions c'est nous qu'on les pose.

LE CHEF — Qu'est-ce qu'elle a dit, Roger?

ROGER — Elle a dit: « Tarzan, sauve-moi, j'ai peur. » Et puis, elle m'a vu et s'est arrêtée.

LE CHEF — C'est bon. Poursuivons l'interrogatoire. Donc, un douanier a été tué cet après-midi en faisant sa ronde dans les bois.

LEDOUX — Un homme qui faisait son devoir a été tué.

ROGER — Probablement parce qu'il faisait son devoir.

LE CHEF — Or, il y a un rapport évident pour nous entre ce crime et la contrebande de cigarettes qui se fait dans la province. Comme tu es chef d'un réseau de contrebande tu peux sûrement nous aider à trouver le coupable.

LEDOUX — La justice récompense bien ceux qui l'aident...

ROGER — Ceux qui lui donnent un petit coup de pouce.

LE CHEF — Elle peut même remettre la liberté à ceux qui ne la méritent pas.

TARZAN — Qu'est-ce que vous me voulez exactement?

LE CHEF — Un renseignement. Qui vous fournissait les cigarettes? *(Tarzan se tait.)* Ça vous tombait sans doute pas du ciel!

TARZAN — On en avait à vendre; pour nous autres c'était le principal.

LEDOUX — Quelqu'un vous les livrait?

TARZAN, *avec empressement* — Quelqu'un nous les livrait, comme Ciboulette l'a dit.

ROGER — Qui c'était?

TARZAN — J'ai jamais vu son visage. Quand il venait nous rendre visite il portait un masque.

LE CHEF — Il s'amuse le petit, il s'amuse. *(Roger s'approche de Tarzan.)*

ROGER — On peut y voir, chef, on peut le faire rire jaune.

LE CHEF, *à Tarzan* — Écoute, garçon, on n'a pas de temps à gaspiller nous autres. Ici on trouve des coupables. Tu paieras pour les minutes que tu nous fais perdre.

TARZAN — Si vous aviez attendu pour nous arrêter, de savoir tous les détails, vous auriez pas à m'interroger. Moi je suis l'accusé, je suis pas de votre bord, je vous aiderai pas.

ROGER — C'est ce qu'on va voir. *(Il le saisit par le collet et lève le poing pour le frapper.)*

TARZAN — Vous pouvez me frapper si le cœur vous en dit, ça changera rien. J'en ai reçu des coups dans ma vie; à l'école, chez mon oncle, dans les rues; je les ai encaissés et je les ai remis. Je me suis endurci et je peux en recevoir encore plus, ça me fera pas parler.

LEDOUX — C'est bien le genre que j'avais pensé, chef, y est dur comme une pierre.

LE CHEF — Même la pierre la plus dure se brise, vous allez voir... *(Il s'approche de Tarzan.)* Écoute : à l'infirmerie, à deux portes d'ici, il y a une petite fille qui tremble de toutes ses forces parce qu'on lui a posé une ou deux questions de trop tout à l'heure. On n'aurait qu'à la faire revenir immédiatement pour en savoir plus long. Mais, tu désires sûrement pas qu'on le fasse ?... Réponds, le désires-tu ?

TARZAN — Non.

LE CHEF — Alors si tu veux pas que ça se produise, va falloir que tu répondes toi-même à nos questions.

TARZAN — Non. J'ai tout dit, j'en sais pas plus.

LEDOUX — Prends-nous pas pour des imbéciles.

TARZAN — Je parlerai pas.

LE CHEF — Alors c'est la petite qui va le faire.

TARZAN — Non, vous avez pas le droit.

ROGER — T'as peur, hein ?

TARZAN — J'ai pas peur. Ciboulette parlera pas, je le sais. Mais vous êtes capables de lui faire du mal et je veux pas.

LE CHEF — C'est à toi de décider.

LEDOUX — Choisis.

TARZAN — Je dirai rien. Ciboulette parlera pas.

LE CHEF — Même si on la force ?

TARZAN — Elle parlera pas.

LE CHEF — C'est ce qu'on va voir. Ramenez-le tout de suite, Ledoux ; Roger ira chercher la petite.

TARZAN — Non, vous avez pas le droit, vous avez pas le droit, c'est de la saloperie, de la saloperie, vous avez pas le droit... *(Ledoux l'empoigne par le milieu du corps et le fait sortir de force.)* Ciboulette, Ciboulette !... Tais-toi Ciboulette !... Aie pas peur Ciboulette... aie pas peur... ils ont pas le droit... Ciboulette !... *(Le reste se perd. Roger va sortir à leur suite mais le chef l'arrête.)*

LE CHEF — Non Roger. C'était une ruse. Je pensais qu'il faiblirait mais j'ai pas réussi.

ROGER — Ce serait quand même un bon truc pour nous autres. Elle est toute cuisinée, la petite.

LE CHEF — Non. Il doit y avoir un autre moyen. *(Ledoux revient.)* Faites entrer le dernier, Ledoux.

LEDOUX — Mais la petite ?

LE CHEF — Plus tard, plus tard si c'est la dernière solution.

LEDOUX — Bien chef. *(Il sort de nouveau.)*

LE CHEF — Sur les cinq, il y a sûrement une mauvaise maille. Espérons qu'on la trouvera.

LEDOUX, *pousse Passe-Partout à l'intérieur* — Marche.

PASSE-PARTOUT — Poussez pas, poussez pas, j'ai rien fait. *(Il se précipite devant le chef.)* J'ai rien fait moi, monsieur. Je savais pas, c'est pas de ma faute.

LE CHEF — C'est ce qu'on va voir. Prends ce siège.

PASSE-PARTOUT — Bien, monsieur. *(Il s'assoit.)*

LE CHEF — Tu as l'air bien disposé, toi. Dis-nous ton nom.

PASSE-PARTOUT — Passe-Partout.

ROGER — Les serrures, maintenant ! Vous êtes pas capables de vous appeler comme du monde ?

PASSE-PARTOUT — Excusez-moi, c'est l'habitude. Je m'appelle René Langlois.

LE CHEF — Ton âge ?

PASSE-PARTOUT — Vingt ans.

LE CHEF — Tu as tes parents ?

PASSE-PARTOUT — Oui.

LE CHEF — Tu travailles ?

PASSE-PARTOUT — Non. Je vendais des cigarettes pour gagner ma vie et apporter un peu d'argent à la maison.

LE CHEF — Et ton père ?

PASSE-PARTOUT — Il boit sa paye. C'est moi qui nourris la mère.

LEDOUX — Pour faire du supplément, tu volais des portefeuilles ?... C'est le voleur en question, chef.

LE CHEF — Pourquoi que tu travailles pas comme tout le monde?

PASSE-PARTOUT — J'ai souvent essayé mais ça marchait jamais, on me renvoyait au bout de deux ou trois jours.

LEDOUX — On doutait de ton honnêteté?

PASSE-PARTOUT — Non, c'est pas ça, ils disaient que je faisais pas l'affaire, c'est tout.

LE CHEF — On veut bien te croire.

PASSE-PARTOUT — Je vous jure que je dis la vérité, monsieur.

LE CHEF — Ça va. Tu es accusé d'avoir fait la contrebande et d'avoir dépoché des gens dans la rue : ça, tu le nies pas?

PASSE-PARTOUT — C'était pour ma mère.

LE CHEF — Tu le nies pas?

PASSE-PARTOUT — Eh non!

LE CHEF — Bon. Jusqu'ici, tout va bien. On aurait maintenant besoin d'explications supplémentaires. On a découvert votre système de livraison, là-dessus tout est clair. On aimerait maintenant avoir des éclaircissements sur vos moyens d'approvisionnement?

PASSE-PARTOUT — Voulez-vous dire sur la manière d'emmagasiner la marchandise?

LEDOUX — Pas précisément. On est au courant de ça aussi. Dans le moment, votre hangar est vide. Ce qu'on aimerait connaître surtout, c'est la façon par laquelle les cigarettes traversaient la frontière.

PASSE-PARTOUT, *qui ruse* — C'est très important pour vous ?

ROGER — Très important.

PASSE-PARTOUT — Je regrette mais je peux pas le dire, ce serait trahir.

LEDOUX — T'es certain que tu peux pas ?

PASSE-PARTOUT — Pratiquement... À moins que...

LE CHEF — À moins que ?...

PASSE-PARTOUT — Que le service rendu soit pris en considération.

LE CHEF — Il arrive parfois que les services rendus soient pris en considération.

PASSE-PARTOUT — Comme par exemple ?

LE CHEF — Par exemple, on donne une liberté provisoire jusqu'au procès et on atténue la déposition faite contre les accusés.

PASSE-PARTOUT — C'est très intéressant.

LE CHEF — N'est-ce pas ?

PASSE-PARTOUT — Ça veut dire que si je vous renseigne, vous me relâchez avec les autres ?

LE CHEF — À cause de l'importance du service, c'est ce que ça veut dire.

PASSE-PARTOUT — Bien entendu, je dénonce personne, je sers la justice, pas plus.

LEDOUX — Tu sers la justice comme un honnête citoyen, pas plus.

PASSE-PARTOUT — Ça me fait drôle de me faire dire ça.

ROGER — On t'écoute, parle.

PASSE-PARTOUT — C'est à vous autres de m'interroger.

ROGER — Dis-nous d'abord qui vous fournissait les cigarettes ?

PASSE-PARTOUT — Un Américain des États-Unis.

LE CHEF — Son nom ?

PASSE-PARTOUT — Je le sais pas. Il nous les vendait bon marché, on les revendait avec profit.

LE CHEF — Il vous les livrait lui-même ?

PASSE-PARTOUT — Pas une miette. Fallait aller les chercher.

LE CHEF — Aux États-Unis ?

PASSE-PARTOUT — Mais oui. On s'en chargeait personnellement. On traversait par les bois.

LEDOUX — Tu l'as déjà fait ?

PASSE-PARTOUT — Non. C'est toujours Tarzan qui sautait. Nous autres on voulait prendre sa place des fois, mais...

Les trois policiers sont figés sur place. Ils se rendent compte qu'ils touchent à leur but. Ils sont devenus très intéressés, très sérieux. Ils sont parfaits.

LE CHEF — C'est bon. Dis-nous quand il l'a fait pour la dernière fois ?

PASSE-PARTOUT — C'est bien simple, y a sauté aujourd'hui.

ROGER — Cet après-midi?

PASSE-PARTOUT — Oui.

LEDOUX — À quelle heure qu'il est revenu?

PASSE-PARTOUT — Y était environ sept heures et demie. Oui c'est ça, y avait du retard.

LE CHEF — De coutume, il rentrait pas si tard?

PASSE-PARTOUT — Non. Même qu'aujourd'hui on a cru qu'il s'était fait pincer.

LE CHEF — Bon. C'est tout ce qu'on veut savoir. Rien d'autre à ajouter?

PASSE-PARTOUT — Attendez... non je crois pas. *(Il va pour se lever.)*

LEDOUX — Minute! Quand il sautait les lignes comme ça, y était armé?

PASSE-PARTOUT — Je pense pas.

LE CHEF — Ledoux, faites venir Tarzan tout de suite, c'est le moment de le chauffer.

LEDOUX — Oui, chef. *(Il sort. Passe-Partout se lève.)*

PASSE-PARTOUT — Et moi?

ROGER — Toi tu restes assis tranquille et t'as rien à dire.

PASSE-PARTOUT — Vous allez pas l'interroger devant moi toujours?

ROGER — Oui. Pour vérifier si t'as dit la vérité.

PASSE-PARTOUT — J'ai dit rien que la vérité.

ROGER — C'est ce qu'on va voir. T'as pas à parler tant qu'on t'interrogera pas. Et souviens-toi de notre petite entente, hein ?

Entrent Tarzan et Ledoux. Tarzan s'arrête, interdit, une seconde, et pose un regard très dur sur Passe-Partout.

LE CHEF — Donnez-lui une chaise.

ROGER, *apporte la chaise du fond à Tarzan* — Assieds-toi. *(Tous le regardent et ne parlent pas.)*

TARZAN — Qu'est-ce que vous me voulez encore ? J'ai dit ce que j'avais à dire.

LE CHEF — Va falloir le répéter.

TARZAN, *silence. Tarzan regarde Passe-Partout* — Pourquoi que vous voulez m'interroger devant Passe-Partout ?

LE CHEF — On a nos raisons. On a changé d'idée tout à l'heure. Au lieu de faire passer la petite on a fait venir Passe-Partout.

LEDOUX — Comme tu vois, on a des moments d'attendrissement. *(Nouveau silence.)*

ROGER, *s'approche* — Tu trouves pas qu'on est gentils ?

TARZAN — C'est tout ce que vous avez à me demander ?

LE CHEF — Ah ! non. On a encore beaucoup de choses. Mais maintenant on n'est plus pressés.

Nouveau silence. Tarzan regarde Passe-Partout qui baisse les yeux à chaque fois.

LEDOUX — Soutiens-tu toujours que quelqu'un vous livrait les cigarettes ?

TARZAN — Oui.

LEDOUX — Il soutient toujours chef.

LE CHEF — Demandez-lui si l'homme qui les livrait portait un masque comme dans les films ? *(Tarzan ne répond pas.)*

ROGER, *négligemment* — Où est-ce que t'étais cet après-midi ?

TARZAN — C'est une question que vous m'avez déjà posée.

ROGER — On te la pose encore.

TARZAN — J'étais en ville.

LEDOUX — Où, en ville ? Précise.

TARZAN — Un peu partout.

LE CHEF — Quelqu'un t'a vu en ville ?

TARZAN — Beaucoup de gens.

LEDOUX — Qui ?

TARZAN — Tous ceux que j'ai rencontrés dans la rue.

LEDOUX — T'as de la suite dans les idées, mais c'est pas un alibi.

LE CHEF — Trouve un alibi.

LEDOUX — T'as pas d'alibi ?

TARZAN — J'en n'ai pas cherché.

LE CHEF, *le jeu se brise. Le chef se raidit et se dresse devant Tarzan* — Une déposition contraire nous affirme que tu as sauté les lignes cet après-midi et que tu as traversé toi-même des cigarettes.

TARZAN, *se tourne brusquement vers Passe-Partout, le regard en feu* — C'est pas vrai ! *(Puis il éclate de rire.)* C'en est une bonne celle-là ! C'est Passe-Partout qui vous a raconté ça ? Et vous êtes tombés dans le panneau ?... C'est vraiment la meilleure...

LE CHEF — C'est pas le moment de rire, explique-toi.

TARZAN — J'ai battu Passe-Partout ce soir parce qu'il m'avait désobéi. Je l'ai humilié devant les autres. Pour se venger, y a inventé cette farce quand vous lui avez parlé du douanier assassiné. C'est tout.

LE CHEF — La chose serait possible, seulement on est certains que c'est pas une farce.

LEDOUX — Parce qu'on lui a pas parlé du douanier assassiné.

ROGER, *astucieux* — On lui a tendu un piège et y est tombé dedans.

LE CHEF — On lui a laissé entendre que tout le monde avait avoué et que s'il avouait gentiment lui aussi, la peine serait moins forte.

PASSE-PARTOUT — Tu vois, ils le disent, c'est pas de ma faute... ils m'ont tendu un piège.

TARZAN, *vite comme l'éclair, il bondit sur Passe-Partout* — T'es rien qu'un salaud, Passe-Partout, et tu vas me le payer. *(Il va pour le frapper mais Roger s'empare de lui et le reconduit à sa chaise en le faisant asseoir de force.)*

ROGER — Doucement, l'ami.

LEDOUX — Tu ris plus maintenant, hein?

LE CHEF — Avoue que tu as sauté les lignes cet après-midi.

TARZAN, *avec force* — Non.

LE CHEF — Faites sortir l'autre. On n'a plus besoin de lui.

LEDOUX — Oui, chef. *(À Passe-Partout.)* Viens. *(Ils sortent.)*

ROGER — Quelle heure qu'il était quand t'as traversé?

TARZAN — J'ai pas traversé.

LE CHEF — On te demande quelle heure qu'il était?

TARZAN — J'ai pas traversé. *(Ledoux revient.)*

LE CHEF — Écoute-moi bien, garçon! Cesse de jouer au dur. On en a assez maintenant. Ton comportement devant Passe-Partout nous prouve que tu nous as menti. On est maintenant certains que tu as passé clandestinement les frontières aujourd'hui.

TARZAN — Si vous êtes certains, pourquoi?...

LE CHEF — Silence! C'est moi qui parle. Ici, tu n'es plus le chef, mon garçon. Tu n'as d'ailleurs jamais été un chef. Tu t'es mis en marge de la loi et tu en as entraîné d'autres avec toi, tu vas payer: pour toi et pour les autres. Écoute-moi bien! Quand tu sortiras d'ici on aura appris tout ce qu'on veut savoir. Je te conseille donc de répondre comme il faut aux questions qu'on va te poser; sans ça, on emploiera les grands moyens. On a droit de le faire puisque tu es majeur et que la cause qui nous occupe entraîne des répercussions criminelles. Un homme a été tué. J'ai pas le droit de t'accuser mais j'ai le droit de te soupçonner, j'ai le droit de me renseigner le plus possible. Tu vas avoir à me prouver que tu n'as pas tué cet homme. Tu comprends? Et surtout, va pas t'imaginer que tu peux nous échapper parce que tu es chef de bande et que tu te faisais obéir par des enfants. Comme je te l'ai dit tout à l'heure, tu n'as jamais été un vrai chef. Un vrai chef, ses hommes lui obéissent sincèrement parce qu'ils l'aiment, ils se feraient tuer pour lui. Mais toi, on t'obéissait par intérêt, pas plus. On t'aurait laissé tomber un jour.

TARZAN — C'est pas vrai. Mes hommes m'aimaient.

LE CHEF — Mais non, tu te fais des illusions. Un après l'autre, ils ont défilé devant moi, un après l'autre ils ont parlé. Ils n'ont pas dit beaucoup de choses, c'est vrai, mais j'en ai appris assez pour me rendre compte qu'ils te suivaient pour leur profit personnel.

TARZAN — Prouvez-le.

LE CHEF — Le premier faisait la contrebande pour s'acheter un harmonica de luxe et devenir musicien, l'autre pour assurer l'avenir de ses futurs enfants, le troisième vivait un mélodrame : il volait de l'argent pour faire vivre sa mère parce que son père est un raté.

TARZAN — Vous oubliez Ciboulette.

LE CHEF — C'est vrai. Mais avoue que tu n'as pas à être fier parce qu'elle a fait une crise de nerfs et qu'elle aura un casier judiciaire quand elle sortira d'ici. Tu es fier de ça?... Réponds... Sa vie est marquée maintenant, la tienne aussi, celle des autres de même. Tu en es fier? Sois franc.

TARZAN — Non.

LE CHEF — Ciboulette a eu peur d'elle-même, c'est pour ça qu'elle s'est évanouie. Elle a rien dit de trop, elle nous a même mis sur une fausse piste quand elle a inventé qu'on vous livrait les cigarettes, mais si l'interrogatoire avait duré plus longtemps, elle aussi comme les autres aurait probablement dévoilé son intérêt.

TARZAN — Pas Ciboulette.

LE CHEF — Elle aussi. Seulement, son intérêt à elle, c'était peut-être pas de s'enrichir, c'était peut-être toi. La contrebande elle doit s'en ficher au fond. Dans sa tête de petite fille elle doit penser à bien d'autres choses. Mais toi tu n'as rien compris et c'est de ta faute si elle est salie maintenant.

TARZAN — C'est pas vrai. Vous avez pas le droit de dire ça.

LE CHEF — Et puis, tu as été trahi... Faut bien que tu le saches maintenant : tu es seul. On ne sort pas de sa condition comme on sort d'une salle de cinéma, les yeux remplis d'images, la tête bourrée de rêves... Tes rêves sont morts, Tarzan. Tu es seul. Tu es seul comme on est seul dans la vie, mon garçon. Même au moment où on se pense secondé et invincible, on est seul comme les pierres.

TARZAN — Je m'arrêtais jamais pour me poser des questions. Je me disais : «Je suis le chef, ils m'obéissent, ils m'aiment...» C'est vrai que je me sens seul tout à coup, c'est vrai qu'ils sont loin de moi. Je revois leurs visages dans ma tête et j'ai l'impression de pas les reconnaître.

LE CHEF — C'est toujours la même chose. Quand on se sent fort, on oublie de se demander si on va pas faiblir tout à coup. Ça nous empêche de prévoir les conséquences de nos actes. Ça nous aveugle. Et un jour, on se retrouve les mains vides.

LEDOUX — Tu vois, ça vaut vraiment plus la peine de te taire.

LE CHEF — Mais non, ça vaut plus la peine.

ROGER — Avoue que t'as sauté les lignes cet après-midi.

TARZAN — C'est vrai, j'ai sauté les lignes aujourd'hui. Mais j'ai pas tué de douanier.

LE CHEF — On te dit pas ça non plus.

TARZAN — Maintenant laissez-moi tranquille. J'ai dit ce que vous vouliez savoir.

LE CHEF — Il nous reste encore une ou deux questions à te poser.

LEDOUX — Le nom de l'Américain qui vous vendait les cigarettes?

TARZAN — Stone. Monsieur Stone.

ROGER — Son adresse?

TARZAN — Je la connais pas. Il me l'a jamais donnée. On prenait des rendez-vous et il me vendait des cigarettes. J'ai même jamais su son premier nom.

LE CHEF — On te croit.

ROGER — Tu parais sincère.

TARZAN — Laissez-moi partir d'abord, j'ai tout dit. Je vous donnerai des précisions demain. Je suis trop fatigué maintenant. *(Il se lève.)*

LEDOUX — Mais non, reste assis. Quand on est fatigué, faut rester assis.

TARZAN, *qui ressent un malaise* — Qu'est-ce que vous me voulez?

ROGER — Pas grand-chose, t'énerve pas.

LE CHEF — À quelle heure as-tu traversé aujourd'hui?

TARZAN — Je sais pas... J'ai sauté trois fois.

ROGER. — La première fois, y était quelle heure à peu près?

TARZAN — Faisait très chaud, y approchait midi.

LEDOUX — La deuxième fois?

TARZAN — Trois heures peut-être.

LE CHEF — Et la dernière ?

TARZAN — Je m'en souviens plus.

ROGER — Faut t'en souvenir.

LE CHEF — Quelle heure était-il la dernière fois ?

TARZAN — Probablement six heures. *(Il se lève.)*

ROGER — Mais non, mais non, t'es pas pressé, prends le temps de te reposer. *(Il le fait asseoir.)*

LE CHEF — As-tu rencontré quelqu'un dans les bois ?

TARZAN — Non.

LEDOUX — C'est très étrange ! Jamais depuis la guerre on n'a surveillé la frontière autant que ces jours-ci.

ROGER — Si t'avais rencontré un douanier, qu'est-ce que t'aurais fait ?

TARZAN — Je me serais caché.

LE CHEF — Tu t'es déjà caché d'un douanier comme ça ?

TARZAN — Oui, souvent.

LEDOUX — T'as une arme quand tu sautes les lignes ?

TARZAN — Non.

LE CHEF — Tu as passé combien de cigarettes aujourd'hui ?

TARZAN — Beaucoup.

LE CHEF — Combien ?

TARZAN — Trente mille.

LE CHEF — Sans arme ?

TARZAN — Sans arme.

LE CHEF — Tu prends des risques.

TARZAN — J'ai choisi de risquer.

LE CHEF — Même ta vie ?

TARZAN — Même ma vie.

LE CHEF — C'est noble mais ta cause est mauvaise.

TARZAN — Y a pas de mauvaises causes quand on se bat pour vivre.

LEDOUX — Et parce que t'aimes le risque, tu sautes sans arme ?

TARZAN — Oui.

LE CHEF — On te croit. C'est à peu près tout ce qu'on voulait te demander. *(Tarzan se lève.)*

LE CHEF, *qui fait semblant de compléter son dossier* — Donc, quand tu as vu le douanier, tu t'es caché ?

TARZAN — Oui.

LE CHEF — Mais non, t'as pas vu de douanier, tu l'as dit tout à l'heure.

ROGER, *le faisant asseoir brusquement* — Faut pas te remettre à nous mentir, mon garçon.

LEDOUX — C'est dommage, ça allait si bien. Va falloir tout recommencer maintenant.

LE CHEF — Il t'a vu lui ?

TARZAN — Qui ?

LEDOUX — Le douanier.

TARZAN — Non.

ROGER — À quelle heure c'était ?

TARZAN — Au deuxième voyage, vers trois heures.

LE CHEF — S'il t'avait vu, tu aurais tiré sur lui ?

TARZAN — Mais non puisque j'avais pas d'arme.

ROGER — Qu'est-ce que t'aurais fait s'il t'avait vu ?

TARZAN — Je sais pas. Je l'aurais laissé venir.

LEDOUX — Et t'aurais essayé de le désarmer ?

TARZAN — Peut-être.

LE CHEF — Mais il t'a pas vu ?

TARZAN — Non.

ROGER — C'était un Canadien, pas vrai ?

TARZAN — Non, un Américain.

LEDOUX — C'est bien ce qu'on voulait dire.

LE CHEF — C'est un Américain qui est mort... Y était grand ?

TARZAN — Moyen.

LE CHEF — Gras ?

TARZAN — Maigre.

LEDOUX — Y était vieux ?

TARZAN — Y avait trente ans peut-être.

LE CHEF — Tu l'as très bien vu, n'est-ce pas ?

TARZAN — Y est passé près de moi.

ROGER — La couleur de ses yeux ?

TARZAN — Noirs.

ROGER — Tiens! Tu dis qu'il t'a pas regardé mais t'as vu la couleur de ses yeux!

TARZAN — J'ai vu ses yeux: deux grands yeux noirs.

LE CHEF — Il devait être distrait pour pas te regarder.

LEDOUX — Il chantait probablement un petit air pour se désennuyer?

ROGER — C'est ça, hein?

TARZAN — Je le sais pas.

LE CHEF — Quelle heure était-il?

TARZAN — Trois heures.

LE CHEF — À quelle heure ton premier voyage?

TARZAN — Midi.

LE CHEF — Et le dernier?

TARZAN — Six heures.

LE CHEF — Tu partais d'où?

TARZAN — De Landmark Road à deux milles des lignes américaines.

ROGER — Où revenais-tu?

TARZAN — À un mille des lignes canadiennes, dans une cache au bord de la route. Là un camion m'attendait.

LE CHEF — Le nom du camionneur?

TARZAN, *hésite puis* — C'était... moi le camionneur. Je louais le camion.

LE CHEF — Tu marchais donc trois milles?

TARZAN — Oui.

LEDOUX — Trois milles pour aller, trois pour revenir, ça fait six?...

TARZAN — Oui.

LEDOUX — Et en tout, dix-huit pour faire les trois voyages?

TARZAN — Oui.

LEDOUX — T'as mis six heures pour parcourir dix-huit milles?

TARZAN — Oui.

LEDOUX — C'est vite quand faut marcher dans les bois.

ROGER — T'as certainement pas pris tes précautions.

TARZAN — J'avais l'habitude. Je savais mon chemin par cœur.

LE CHEF — Et tu marchais peut-être pas trois milles à chaque fois?

TARZAN — Peut-être pas.

LEDOUX — T'as vu rien qu'un douanier?

TARZAN — Oui.

ROGER — Et t'es sûr qu'il t'a pas vu, lui?

TARZAN — Oui.

LE CHEF — Pourquoi?

TARZAN — Je sais pas. Je sais plus... vous me posez trop de questions.

ROGER — Dis-nous pourquoi qu'il t'a pas vu?

LE CHEF — Il passait trop loin, je suppose?

TARZAN — C'est ça, il passait trop loin.

ROGER — Et pourtant, y a pas longtemps, t'as dit que tu l'avais vu de près. Tu savais même la couleur de ses yeux.

LE CHEF — Il passait loin ou près?

TARZAN — Il passait... ni loin... ni près.

ROGER — Alors il passait nulle part?

TARZAN — ...

LEDOUX — Réponds! Il passait ou il passait pas?

TARZAN — Il passait devant moi et j'étais caché, c'est tout.

LEDOUX — Y était grand?

TARZAN — Oui.

LEDOUX — T'as dit moyen tout à l'heure.

LE CHEF — Pourquoi que tu as dit moyen tout à l'heure?

ROGER — Je suppose que de loin il paraissait grand et de près, moyen : les distances déforment. Mais il pouvait pas être loin et près en même temps, pas plus que moyen et grand.

LEDOUX — C'est illogique. Du blanc ça peut pas être noir. Du sang ça peut pas être gris.

LE CHEF — Qu'est-ce que tu en dis?... Il était gras?

TARZAN — Y était maigre.

ROGER — Quelle heure qu'il était?

TARZAN — Trois heures.

LEDOUX — Et il t'a vu et t'as tiré dessus?

TARZAN — Mais non, j'avais pas d'arme.

LE CHEF — Pourquoi nous as-tu dit que tu avais un 0.38 tout à l'heure ?

TARZAN — J'ai pas dit ça.

ROGER — Mais oui, tu l'as dit.

LEDOUX — Juste au début de ta déposition t'as dit : « j'ai toujours un 0.38 quand je saute les lignes ».

ROGER — Tu t'en souviens pas ?

TARZAN — J'ai pas dit ça. J'ai dit que je prenais le risque et que je sautais sans arme.

LE CHEF — Tu as mauvaise mémoire.

LEDOUX — Tu t'embrouilles, mon gars.

LE CHEF — Bientôt on saura plus ce que tu as dit et ce que tu n'as pas dit.

LEDOUX — Et toi non plus tu le sauras plus.

LE CHEF — Soigne ta mémoire, faut soigner sa mémoire. On en a toujours besoin.

ROGER — Je vais t'aider moi... Quelle heure qu'il était la première fois ?

TARZAN — Midi.

LE CHEF — Et la deuxième fois ?

TARZAN — Trois heures.

LEDOUX — Et la dernière ?

TARZAN — Six.

LE CHEF — C'est exact. Mais il y a bien souvent le nombre six dans ton histoire : six milles pour le voyage aller-retour, six heures pour les trois voyages et le dernier voyage à six heures encore une fois.

ROGER — Plus le douanier qui mesurait six pieds.

LEDOUX — Mais t'as dit qu'y était maigre, hein ?

TARZAN — Non.

LE CHEF — Oui, tu l'as dit : maigre avec des yeux noirs.

TARZAN — Oui, les yeux étaient noirs, je les ai vus et je l'ai dit, je m'en souviens.

ROGER — Alors il passait pas loin ?

LEDOUX — Y était près même ?

LE CHEF — Tout près ?

TARZAN — Oui.

LE CHEF — Et il faisait soleil ?

LEDOUX — Un beau soleil d'après-midi ?

TARZAN — Oui… faisait soleil… plutôt non… le soir tombait.

ROGER — Donc, y était pas trois heures.

LEDOUX — T'as dit au deuxième voyage tout à l'heure.

LE CHEF — Et le deuxième voyage c'était à trois heures ?

ROGER — Mais si le soir tombait c'était au dernier voyage.

LE CHEF — Donc à six heures.

TARZAN — Non.

ROGER — C'était quand alors ?

TARZAN — Je le sais pas, je le sais pas.

LEDOUX — Avoue, t'as tiré dessus. Il passait en silhouette, t'avais toutes les chances pour toi.

TARZAN — Non.

ROGER — Oui.

LEDOUX — Avec un 0.38.

TARZAN —Non ! Non ! Non !

LE CHEF — Avec un 0.38 à bout portant. Il est mort tout de suite.

TARZAN — C'est pas vrai.

LEDOUX — Qu'y est mort tout de suite ?

TARZAN — Que j'ai tiré dessus. C'est pas vrai.

ROGER — Mais oui, c'est vrai. C'est après que t'as vu que ses yeux étaient noirs. Y a dû mourir les yeux ouverts.

TARZAN — Non.

LEDOUX — Oui. Il saignait beaucoup. T'avais peur, c'était ton premier crime.

TARZAN — Non.

ROGER — Où t'as mis ton arme ?

TARZAN — J'avais pas d'arme.

LE CHEF — Il nous faut l'arme du crime.

TARZAN — Vous l'aurez pas.

LE CHEF — Donc tu avoues.

TARZAN — Non. Vous me faites parler de force et je dis des choses qui sont pas vraies.

LEDOUX — C'est la vérité qui commence à percer.

ROGER — Faut questionner beaucoup pour savoir toute la vérité.

LE CHEF — Faut questionner jusqu'au bout. Faut détruire toute résistance.

ROGER — Avoue !

LEDOUX — Avoue !

LE CHEF — Avoue, Tarzan ! *(Le chef s'est dirigé vers le mur du fond. Il presse un bouton. Un réflecteur très puissant s'allume au plafond dirigé sur la tête de Tarzan.)*

TARZAN — C'est pas moi !

Ledoux et Roger se sont emparés de lui et le tenant par les cheveux et les épaules ils maintiennent sa tête dans le rayon de lumière.

TARZAN — Non, pas ces lumières, pas ces lumières... je suis pas un assassin.

ROGER — Regarde la lumière en face, la lumière c'est la vérité.

TARZAN — Éteignez, éteignez.

LEDOUX — Y a que les assassins qui peuvent pas supporter la lumière...

LE CHEF — Parce qu'ils ont peur.

TARZAN — Éteignez, éteignez.

ROGER — Avoue !

TARZAN — Vous allez me rendre fou, éteignez les lumières.

LEDOUX — Avoue !

ROGER — Dis-nous que tu l'as tué.

TARZAN, *dans un grand cri* — Oui, c'est moi... Éteignez... C'est moi, c'est moi...

(Le chef éteint la lumière. Les deux autres lâchent Tarzan qui s'affaisse et sanglote la tête dans les mains. On entend par petites bribes les mots qu'il murmure.)

TARZAN — Il m'a regardé dans les yeux... y a ouvert la bouche pour parler... j'ai tiré... y est tombé... y est tombé comme un arbre... sans pouvoir crier... sans pouvoir dire les mots qui étaient au bord de sa bouche... *(Il sanglote. Long silence. Tout se détend, tout se décontracte.)*

LE CHEF, *doucement* — Emmenez-le. *(Ledoux va le prendre par les épaules et, comme un automate, Tarzan se lève.)*

LE CHEF — As-tu quelque chose à ajouter?

TARZAN — Non... C'est tout... *(Ils vont sortir. Tarzan s'arrête et se retourne du côté du chef.)* Ciboulette... Rendez la liberté à Ciboulette.

LE CHEF — Les autres seront relâchés demain. Après ton procès, ça ne leur dira rien de recommencer.

TARZAN — Ciboulette... Dites-lui... dites-lui que... non... dites-lui rien. *(Il sort suivi de Ledoux. Roger va vers la patère et commence à s'habiller.)*

LE CHEF — J'espérais que ce soit pas lui.

ROGER — Pourquoi, chef?

LE CHEF — Je sais pas. Je pensais à mon garçon qui a son âge et qui trouve la vie facile... Ça me fait drôle.

ROGER — Tarzan est un assassin, chef!

LE CHEF — Tellement peu, tellement peu, Roger. C'est surtout un pauvre être qu'on a voulu étouffer un jour et qui s'est révolté... Il a voulu sortir d'une certaine zone de la société où le bonheur humain est presque impossible.

ROGER — Je comprends pas très bien, chef.

LE CHEF — C'est pas important, Roger. Nous autres on n'a pas à comprendre cette nuit, on n'a plus à poser de questions. La besogne est terminée. Bonsoir Roger.

ROGER — Bonsoir, chef.

Ils échangent une poignée de main et Roger se retire. Le chef montre des signes évidents de fatigue. Il va s'asseoir à son bureau et médite durant quelques secondes la tête dans ses mains. Puis, il se décide, décroche le téléphone et compose 0.

LE CHEF — Allô ! L'interurbain ?... Donnez-moi l'inspecteur Spencer à Plattsburgh s'il vous plaît... oui c'est ça : Spencer...

Pendant que le rideau tombe et qu'un air triste de musique à bouche, qui reviendra au cours du troisième acte, s'ébauche dans le silence de la nuit. Fin du deuxième acte.

TROISIÈME ACTE

LA MORT

Même décor qu'au premier acte : c'est le soir. C'est un sombre soir d'automne. On entend, venant de très loin, comme du fond de la misère humaine, un petit air de musique à bouche, triste et plaintif.

Moineau est seul en scène. Il est assis sur le trône du chef et lit un livre de « comics ». Apparemment, cette lecture le passionne, puisqu'il s'en ronge les ongles.

Au cours de ce dernier acte, les personnages sont vêtus un peu plus chaudement ; il faut même qu'ils donnent l'impression d'avoir un peu froid. Après un certain temps, Ciboulette fait son entrée par le fond. Sa démarche est lente, son regard n'est plus illuminé par la ferveur du début. Elle est comme prise dans un mauvais rêve et son visage est triste comme celui d'un enfant seul. Elle entre et s'appuie contre la palissade.

CIBOULETTE — Bonsoir Moineau.

MOINEAU, *sans sortir de sa lecture* — Salut, Ciboulette !

Silence.

CIBOULETTE — Tu lis ?

MOINEAU — Oui.

Silence.

CIBOULETTE — Qu'est-ce que tu lis ?

MOINEAU — Une aventure. J'achève.

Silence.

CIBOULETTE — Ça finit bien ?

MOINEAU — Non, ça se gâte. « Les méchants », comme ils disent, se font punir par les « bons ».

Nouveau silence.

CIBOULETTE — Crois-tu qu'il sera condamné, Moineau ?

MOINEAU — …

CIBOULETTE — Moineau ! Je te parle.

MOINEAU — Attends… il me reste deux images. *(Il termine sa lecture, referme son livre précieusement, le plie avec soin et le glisse dans sa poche.)*

MOINEAU — J'ai fini, Ciboulette. Tu veux savoir quelque chose ?

CIBOULETTE — Je veux savoir s'ils vont le condamner ?

MOINEAU — J'ai peur que oui. De coutume, quand on tue, on est pendu.

CIBOULETTE — Avec une corde ?

MOINEAU — Oui.

CIBOULETTE — Autour du cou?

MOINEAU — Oui.

CIBOULETTE — C'est laid un pendu?

MOINEAU — C'est pas beau. Dans les livres d'images, on en voit des fois : y ont le cou tiré, la langue sortie.

CIBOULETTE — On va le défendre au procès, Moineau, on va le sauver. Parce que Tarzan a jamais été laid, faut pas qu'il soit pendu. D'ailleurs, il se laissera pas faire, il va s'évader.

MOINEAU — Tu penses?

CIBOULETTE — Oui.

MOINEAU — C'est difficile. En prison, on les surveille comme il faut.

CIBOULETTE — Il va mourir, alors?

MOINEAU — Peut-être que oui, peut-être que non.

CIBOULETTE — Il lui reste des chances, d'après toi?

MOINEAU — Pas beaucoup. Parce que s'ils le pendent pas, il vont le jeter en prison pour la vie.

CIBOULETTE — Pour toute la vie?... Mais ça se peut pas, Moineau! Tu te rappelles au mois de juillet? Y arrivait de voyage un soir; y était tout en sueur, sa chemise était ouverte sur sa poitrine; y est venu s'asseoir avec nous autres dans l'escalier de Tit-Noir, il nous a regardés un après l'autre avec des yeux pleins de lumière et jusqu'à la nuit il nous a raconté ses aventures.

Tu t'en rappelles Moineau ? Tu te souviens comment y était content de vivre et surtout d'être libre ?

MOINEAU — Oui, Ciboulette.

CIBOULETTE — Mais maintenant, c'est fini pour lui. Plus d'aventures, plus de liberté.

MOINEAU — Plus rien.

Silence.

CIBOULETTE — On avait un beau chef, hein ! Moineau ?

MOINEAU — Oui, et un vrai.

À ce moment Passe-Partout sort du hangar. Il voit Moineau et Ciboulette et il s'arrête sur le seuil. Il est ganté. Il n'a rien perdu de son arrogance et de sa fausse virilité. De plus, il a l'air de quelqu'un qui vient de faire quelque chose de malhonnête.

PASSE-PARTOUT — Tiens ! De la visite... Salut, Ciboulette.

CIBOULETTE — Salut, Passe-Partout. Je savais pas que t'étais là-dedans.

PASSE-PARTOUT — Ça te dérange ?

CIBOULETTE — Non. Je me demande seulement ce que tu peux trouver d'intéressant à t'enfermer entre quatre murs vides ?

PASSE-PARTOUT — On sait jamais ce qu'on peut trouver entre quatre murs vides... *(Il a un petit rire.)*

CIBOULETTE — Ils nous ont tout pris.

PASSE-PARTOUT — Eh oui. On s'imaginait pas que ça se découvrirait si facilement. Sont entrés et au bout de dix minutes, plus rien ; une place vide... pourtant le chef avait dit qu'y avait pas de danger, que c'était trop bien organisé... On avait un bon chef mais il rêvait trop, je pense.

CIBOULETTE — Passe-Partout !

PASSE-PARTOUT — C'est vrai ! Ciboulette.

CIBOULETTE — Il va mourir, Passe-Partout.

PASSE-PARTOUT — Eh ! oui. Qu'est-ce que tu veux qu'on y fasse ?... S'y avait pas tiré au moins ! Mais non, a fallu qu'il se prenne au sérieux, a fallu qu'il joue son rôle jusqu'au bout.

CIBOULETTE — Y a défendu sa peau, pas plus.

PASSE-PARTOUT — Comme s'y avait pas d'autres moyens de défendre sa peau.

CIBOULETTE — Y en avait pas d'autres puisqu'il l'a fait.

PASSE-PARTOUT — Admettons.

MOINEAU — Moi, je me demande qui l'a trahi ? Parce qu'y a été trahi, hein ?

PASSE-PARTOUT — Ça, l'histoire le dit pas. Probablement qu'on le saura jamais.

CIBOULETTE — On peut soupçonner quelqu'un par exemple.

PASSE-PARTOUT — Pourquoi que tu me regardes, Ciboulette ? C'est à moi que tu fais allusion ?

CIBOULETTE — J'ai pas dit ça.

PASSE-PARTOUT — C'est aussi bien, parce que...

CIBOULETTE — J'ai pas dit ça mais je te regarde en plein dans les yeux et tes yeux se détournent, ton regard s'embrouille, Passe-Partout.

PASSE-PARTOUT — C'est pas des yeux de fille qui vont me faire peur. Je suis capable d'envisager n'importe qui.

CIBOULETTE — Judas aussi quand y a trahi Jésus. Y avait peur mais il l'embrassait quand même.

PASSE-PARTOUT — T'as bien retenu ton catéchisme.

CIBOULETTE — C'était pas écrit dans le catéchisme que Judas avait peur. Je viens seulement d'y penser en te regardant.

PASSE-PARTOUT — C'est un autre Passe-Partout que tu regardes, c'est celui d'avant. Celui d'aujourd'hui a plus peur.

CIBOULETTE — T'as plus peur mais tu sais pas regarder. T'as plus peur mais t'as peut-être honte.

PASSE-PARTOUT — J'ai jamais eu honte, tu m'entends ? Devant personne.

CIBOULETTE — Même devant nous autres, quand Tarzan t'a battu ?

PASSE-PARTOUT — J'ai pas eu honte. Vous étiez quatre contre moi. Si j'avais été tout seul avec lui, c'est moi qui l'aurais battu.

CIBOULETTE — Tu l'entends, Moineau ? C'est lui qui l'aurait battu, lui qui a peur de son ombre. *(Passe-Partout se retourne vivement et regarde en arrière. Il se rend compte qu'il n'y a rien et qu'il devient ridicule. Il rougit de colère.)* Tu vois, Passe-Partout ?

PASSE-PARTOUT — Laisse faire, tu riras pas de moi longtemps. Depuis qu'on nous a relâchés tu me surveilles et tu m'espionnes. T'es jalouse parce que je vis, parce que je suis pas accusé de meurtre à la place de Tarzan, parce que je suis libre. À partir de ce soir, ça va changer.

MOINEAU — Tu sais pas ce que tu dis.

PASSE-PARTOUT — Toi, tu vas te mêler de ce qui te regarde. C'est moi qui mène ici maintenant, compris ? Le nouveau chef : c'est moi. *(Il va s'asseoir sur le trône de Tarzan.)*

PASSE-PARTOUT — Le trône est vide, je m'en empare... Et vous allez m'écouter.

CIBOULETTE — T'écouter ? Tu t'es pas regardé ?

MOINEAU — Y a pas de nouveau chef. Quand Tarzan sera jugé, on retournera chacun chez soi et on reviendra plus ici.

PASSE-PARTOUT — C'est ce que vous pensez, mais j'ai pris des précautions pour vous retenir.

CIBOULETTE — Tu penses qu'on va obéir à n'importe qui ?

PASSE-PARTOUT — J'ai trouvé le moyen de vous y forcer.

MOINEAU — Tu t'y prends mal.

CIBOULETTE — Et tu fais rire de toi... Sans Tarzan, on marche plus.

PASSE-PARTOUT — Enlevez-vous ça de la tête.

CIBOULETTE — On va te laisser tout seul, Passe-Partout.

PASSE-PARTOUT, *se lève debout, faussement majestueux* — Même si je vous dis que je viens de m'emparer de la caisse et que j'ai tout l'argent dans ma poche?

MOINEAU — Même à ça. Y a seulement qu'une part de cet argent qui te revient. Le restant tu vas le remettre.

CIBOULETTE — T'occupe pas de lui, Moineau. C'est pas vrai ce qu'il dit: la police a saisi l'argent avec les cigarettes.

PASSE-PARTOUT — Justement, tu te trompes. Tit-Noir l'avait trop bien caché, y ont pas touché.

CIBOULETTE — Et tu t'es mis dans la tête de nous acheter avec notre propre argent?

PASSE-PARTOUT — Pourquoi me gêner? Tarzan, c'était un assassin et vous le respectiez.

MOINEAU — Tarzan, c'était un homme et toi t'es un cochon; c'est pas pareil.

PASSE-PARTOUT, *il est furieux. Il s'avance vers Moineau* — Répète donc pour voir.

MOINEAU — T'es rien qu'un cochon, Passe-Partout.

PASSE-PARTOUT, *gifle Moineau* — Répète.

MOINEAU — Cochon.

PASSE-PARTOUT, *il le gifle à nouveau* — En as-tu assez ?

CIBOULETTE, *elle s'interpose* — Moi, j'en ai assez. Tu le frappes parce que tu sais qu'il se défendra pas. Mais s'il voulait, Moineau, il te casserait en deux.

PASSE-PARTOUT — C'est facile à dire mais plus difficile à faire. C'est moi maintenant le plus fort. Et je suis capable de frapper quand je veux et qui je veux, je suis capable de dire oui ou non quand je veux... On va se remettre au travail tout de suite et oublier les folies que Tarzan nous a forcés à faire. J'ai tout organisé. Les plans sont tracés dans ma tête. Je me fiche que les cigarettes américaines coûtent vingt cents de moins que les canadiennes, c'est pas avec ça qu'on va devenir riches. On fait plus de contrebande maintenant, on devient sérieux, on...

MOINEAU — Tu parles dans le vide, Passe-Partout.

PASSE-PARTOUT — Quand on te parle je sais qu'on parle dans le vide, mais rien n'empêche que tu vas te mettre au pas.

MOINEAU — Jamais.

PASSE-PARTOUT — Avec Tarzan, tu répliquais pas, tu l'appelais chef gros comme le bras en tremblant dans tes culottes, tu vas faire la même chose avec moi.

MOINEAU — Non.

PASSE-PARTOUT — Veux-tu que je recommence mon petit jeu? *(Il va pour foncer à nouveau sur Moineau, mais Ciboulette se place dans son chemin.)*

CIBOULETTE — Essaie pour voir.

PASSE-PARTOUT — C'est pas toi qui vas m'en empêcher. Je vais te faire ramper toi aussi, je vais te faire trembler. Enlève-toi de mon chemin.

CIBOULETTE — Non.

PASSE-PARTOUT — Enlève-toi de mon chemin sans ça je témoigne contre Tarzan pendant le procès.

CIBOULETTE — Ça fait rien, on sera trois à témoigner pour. Tu vas nous remettre l'argent et on va lui payer un avocat.

PASSE-PARTOUT — Ils vont quand même le condamner. Enlève-toi de mon chemin.

CIBOULETTE — Tu toucheras plus à Moineau.

PASSE-PARTOUT — Veux-tu recevoir les coups à sa place?

CIBOULETTE — T'as peur de me frapper, t'es pas capable.

PASSE-PARTOUT — J'ai pas peur.

CIBOULETTE — Regarde-moi dans les yeux d'abord.

PASSE-PARTOUT — Je te regarde dans les yeux.

CIBOULETTE — Si t'as jamais vu de la haine c'est ça que tu vois dans mes yeux.

PASSE-PARTOUT — Dans le moment, je vois qu'un jour tu vas m'aimer, je vois qu'un jour tu vas m'embrasser.

CIBOULETTE — C'est parce que tu regardes mal. Si tu regardais comme il faut tu verrais mille serpents qui s'enroulent autour de toi pour t'étrangler.

PASSE-PARTOUT — Tu me fais rire, petite puce!

CIBOULETTE, *lui crache an visage* — Ris alors.

PASSE-PARTOUT, *il est saisi de rage subite, il devient comme fou* — Ciboulette! Tu m'as craché au visage. Il fallait pas. On crache pas dans le visage de son chef.

MOINEAU — C'est tout ce que tu mérites.

PASSE-PARTOUT, *il la prend à la gorge* — Tu vas être punie. Maintenant, c'est moi qui vais t'étrangler et ce sera pas seulement avec mes yeux.

MOINEAU, *désemparé, il ne sait que faire* — Laisse-la, Passe-Partout. Elle a bien fait. C'est toi qui l'as voulu. *(Puis il s'élance brusquement sur Passe-Partout, s'empare de lui, l'étreint dans ses deux bras devenus puissants et lui donne une poussée si violente que Passe-Partout est projeté cinq ou six pieds plus loin et risque de perdre l'équilibre. Il pleure de rage et d'impuissance.)*

PASSE-PARTOUT — C'est moi le chef... c'est moi qui commande et vous allez m'obéir, vous m'entendez?... C'est moi qui commande, c'est moi votre chef...

Mais déjà les autres ne l'écoutent plus. Ils sont attentifs aux cris de Tit-Noir qui vient vers eux en courant et en disant :

VOIX DE TIT-NOIR — Tarzan s'est évadé!... Tarzan s'est évadé!... Tarzan s'est évadé!... *(Il apparaît dans l'ouverture de la palissade, pâle, noble et courageux comme un messager des tragédies antiques.)*

TIT-NOIR — Les gars, Tarzan s'est évadé!

CIBOULETTE — Qu'est-ce que tu dis?

TIT-NOIR — Tarzan s'est évadé!

MOINEAU — C'est vrai?

Cette nouvelle est mauvaise pour Passe-Partout. Il se ressaisit, se faufile doucement entre les maisons de gauche et disparaît.

TIT-NOIR — J'étais à la maison, j'écoutais la radio quand y ont arrêté l'émission pour l'annoncer.

CIBOULETTE, *avec admiration* — Y ont arrêté l'émission?

TIT-NOIR — Oui. « Un jeune criminel qui devait subir son procès prochainement, qu'ils ont dit, vient de s'échapper de la prison où on le détenait. » Ensuite y ont donné son nom et son signalement en ajoutant que toute la police était à ses trousses.

MOINEAU — T'es bien certain qu'il s'agit de lui ?

TIT-NOIR — Oui, Moineau.

CIBOULETTE — Penses-tu qu'il va s'amener ici ?

TIT-NOIR — Ça se peut. Il doit avoir besoin d'argent pour sortir du pays.

MOINEAU, *constate la disparition de Passe-Partout* — Tit-Noir ! Passe-Partout a disparu. Y avait tout notre argent sur lui.

TIT-NOIR — Comment ça se fait ? La caisse était là, hier.

CIBOULETTE — Quand t'es entré, Passe-Partout était avec nous autres. Il s'est sauvé quand y a entendu la nouvelle.

TIT-NOIR — Ça serait peut-être lui le traître, alors ? Attendez, je vais vérifier. *(Il entre dans le hangar.)*

CIBOULETTE — Passe-Partout a fait comme Judas, Moineau.

MOINEAU — Y a vendu son chef pour de l'argent.

TIT-NOIR, *il revient* — Vous aviez raison. Y a plus rien. Y a tout volé.

MOINEAU — Faut le retrouver tout de suite.

TIT-NOIR — Oui. Reste ici, Ciboulette. Attends Tarzan. S'y arrive avant nous autres, explique-lui qu'on va revenir.

CIBOULETTE. — Oui. Mais dépêchez-vous, y a pas une minute à perdre.

TIT-NOIR — Ce ne sera pas long.

Ils sortent et s'éloignent. Ciboulette s'avance lentement, songeuse, vers l'avant-scène. Une musique l'accompagne. Mais cette musique est vite effacée par le bruit des sirènes de police qui naissent tout à coup en arrière-plan. Ciboulette stupéfiée s'arrête. Elle écoute. Le bruit se rapproche. Elle se dirige rapidement vers le fond et regarde venir l'auto de police qui s'arrête tout près. Porte fermée durement. Ciboulette vient s'asseoir sur le trône de Tarzan les deux mains sur les genoux, et ne bouge plus. Entre Roger, lumière de poche et pistolet aux poings. Il s'arrête sur place et regarde Ciboulette. Mais il ne lui parle pas. Il oblique vers le hangar et y pénètre. Ciboulette se lève et va rapidement s'appuyer contre la palissade près de l'ouverture. Elle regarde au loin et tout autour et s'assure que Tarzan n'arrive pas à ce mauvais moment. La porte du hangar s'ouvre et Roger sort. Ciboulette se plaque de dos sur la palissade et fait mine de ne pas savoir ce qui se passe. Elle regarde bien droit devant elle. Roger va lentement dans sa direction et s'immobilise près d'elle.

ROGER, *doucement* — Tu devrais pas rester ici.

CIBOULETTE — …

ROGER — Tu m'entends? Tu devrais rentrer chez toi.

CIBOULETTE — Y a rien à faire chez moi. J'aime mieux rester ici.

Fausse sortie de Roger.

ROGER — Il nous échappera pas de toute façon. Si on le pince et s'il résiste, on tire dessus et on le descend comme un chien.

CIBOULETTE — De qui voulez-vous parler ?

ROGER — Tu le sais bien. *(Il sort en courant. On entend la porte de l'auto se fermer, et l'auto qui démarre et s'éloigne accompagnée du bruit de sa sirène. La musique revient, Ciboulette remonte de nouveau vers l'avant-scène. Elle s'entend soudain appeler et s'arrête, la musique se tait.)*

VOIX DE TARZAN — Ciboulette !

CIBOULETTE — Tarzan !... Où es-tu ?

VOIX DE TARZAN — Ici, du côté du hangar. *(Elle se tourne de ce côté.)* Sont tous partis ?

CIBOULETTE — Oui. Y a pas de danger pour le moment. Viens.

Tarzan apparaît au même endroit qu'au premier acte.

TARZAN — J'étais caché. J'ai entendu ce qu'il t'a dit.

CIBOULETTE — Tu l'as reconnu ?

TARZAN — Oui. *(Il se laisse choir sur le sol.)* J'ai pas vu son visage, mais j'ai reconnu sa voix.

CIBOULETTE — T'as couru beaucoup ? T'es fatigué ?

TARZAN — Oui, Ciboulette.

CIBOULETTE — T'as les yeux revirés… Ton trône est toujours là, tu peux t'asseoir.

TARZAN — Je vais m'asseoir, Ciboulette. *(Il fait ce qu'il dit.)*

CIBOULETTE — Tit-Noir et Moineau cherchent Passe-Partout qui s'est sauvé avec l'argent.

TARZAN — Ils vont revenir bientôt?

CIBOULETTE — Y ont dit qu'ils feraient vite. Ils savent que tu t'es évadé. Ils savent que t'as besoin d'argent pour aller plus loin.

TARZAN — C'était pas nécessaire, Ciboulette, j'avais plus rien à leur demander.

CIBOULETTE — Mais oui, Tarzan. Si tu réussis à passer la frontière, va falloir que tu te nourrisses, que tu prennes le train, que tu trouves un hôtel.

TARZAN — C'est pas nécessaire que je te dis.

CIBOULETTE — Je comprends plus, Tarzan.

TARZAN — Je t'expliquerai plus tard. On a autre chose à se dire dans le moment.

CIBOULETTE — Écoute!

TARZAN — Quoi?

CIBOULETTE — Les sirènes.

TARZAN — C'est vrai…

CIBOULETTE — Elles passent… elles s'éloignent…

TARZAN — C'est seulement qu'un sursis. Elles changent de quartier mais elles vont revenir, tu vas voir.

CIBOULETTE — Je savais que tu leur échapperais.

TARZAN — Ils m'ont eu avec toutes leurs paroles et toutes leurs questions. Je les ai eus à mon tour.

CIBOULETTE — Raconte-moi comment tu t'y es pris.

TARZAN — Je me suis préparé pendant trois jours. J'y ai pensé sans arrêt et ce soir, j'ai tenté ma chance et j'ai réussi. Y ont dû découvrir ma disparition une demi-heure trop tard. Ça s'est passé comme dans un film. Quand le gardien est venu me porter à souper j'ai fait semblant de dormir et comme y allait sortir, j'ai bondi sur lui comme un tigre. Je l'ai étouffé avec ma ceinture et je l'ai assommé à coups de souliers. Ensuite, j'y ai volé son trousseau de clefs. Le reste est une histoire de course épouvantable le long d'un corridor qui finit plus, de portes qu'on ouvre en essayant de tomber sur la bonne clef et de rayons de lumière qui cherchent à nous découvrir dans l'ombre et sur les murs. Le reste, c'est de la chance et de l'audace... Et maintenant, je suis là, Ciboulette.

CIBOULETTE — Oui, Tarzan.

Silence.

TARZAN — Ciboulette ! Tu sais ce qu'ils m'ont dit les policiers ?

CIBOULETTE — Non.

TARZAN — Que tu m'aurais trahi si t'avais parlé plus longtemps. C'est vrai ?

CIBOULETTE — Tu les as crus ?

TARZAN — Non, mais je me suis posé beaucoup de questions en prison.

CIBOULETTE — Si je t'avais trahi, je serais morte.

TARZAN — Ils t'ont fait du mal ?

CIBOULETTE — C'est passé. Parlons-en plus.

Silence.

TARZAN — Ciboulette ! Je voulais te demander... t'as pas honte de moi ?

CIBOULETTE — Pourquoi ?

TARZAN — Parce que j'ai tué un homme.

CIBOULETTE — Si tu l'avais pas tué, c'est lui qui t'aurait tué ?

TARZAN — Je sais pas... je sais plus... J'ai bien pensé à toi, Ciboulette, dans ma prison.

CIBOULETTE — C'est vrai ?

TARZAN — J'ai pensé à mon évasion et à toi. Je savais que Passe-Partout m'avait trahi, mais j'y pensais pas... Je me disais : Ciboulette est toute seule maintenant ; je me disais : Tit-Noir et Moineau peuvent pas l'aider et Passe-Partout doit chercher à lui faire du mal... Je me disais : peut-être qu'elle est malheureuse et c'est de ma faute. Ils sont tous malheureux et c'est moi qui les ai conduits là... leur nom est sali maintenant... leur vie est plus pareille... et je me disais : j'aimerais sortir d'ici et aller voir Ciboulette et la prendre par la main et l'amener au cinéma voir un film, un film de la jungle ou un film d'amour...

Je me disais : faudrait bien qu'elle soit heureuse un jour, faudrait bien que je sois heureux moi aussi, comme tout le monde le samedi soir dans la grande rue... Et je me répétais tout ça et je pouvais pas cesser de penser à toi.

CIBOULETTE — Y a longtemps que je pense à toi, moi, Tarzan. Depuis le premier jour, j'ai ton image dans mon cœur.

TARZAN — Et tu me l'as jamais dit ?

CIBOULETTE — J'ai essayé, je pouvais pas.

TARZAN — Pourquoi ?

CIBOULETTE — C'était trop difficile. J'avais peur des mots que j'avais envie de dire.

TARZAN — Et maintenant que je suis condamné à mort, que la police me cherche partout, t'es capable de le faire ?

CIBOULETTE — Oui. Parce que t'as commencé le premier. Parce que je suis tranquille ce soir. Je suis tranquille parce que t'es là, parce que t'as dit que tu pensais à moi. Je suis tranquille et Tit-Noir et Moineau reviendront peut-être pas et tu vas peut-être mourir dans quelques minutes.

TARZAN — Moi aussi, je suis tranquille ; parce qu'on est tout seuls pour la première fois, pour la première fois de ma vie, je vais dire à une fille que je l'aime.

CIBOULETTE — Tarzan ! Dis pas ça tout de suite, regarde-moi avant, regarde-moi comme il faut. Je suis laide, j'ai les cheveux comme des cordes et mes dents sont pointues. Regarde-moi Tarzan.

TARZAN — Je te regarde Ciboulette et je te vois comme je t'ai toujours vue. T'es pas belle, c'est vrai, comme les autres femmes qui sont belles, mais tu t'appelles Ciboulette et tes yeux sont remplis de lumière.

CIBOULETTE — Prends-moi dans tes mains, Tarzan.

TARZAN — Non, pas tout de suite. Avant, je veux te calquer dans ma tête comme à l'école on calquait des dessins sur nos tablettes magiques.

CIBOULETTE — C'est la première fois et la dernière peut-être qu'on est seuls ensemble, faut pas perdre de temps : prends-moi dans tes mains.

TARZAN — Mes mains sont pas propres, mes mains ont tué un homme.

CIBOULETTE — C'est des mains de chef, c'est des mains sans péché.

TARZAN — Laisse-moi finir mon dessin, je veux te posséder en image avant de te toucher. Quand je mourrai, c'est ton portrait que je veux retenir au fond de moi-même.

CIBOULETTE — Touche-moi et t'auras plus jamais besoin d'image.

TARZAN — Je ferme les yeux, je regarde dans ma caboche pour être certain qu'y a rien qui manque, que toutes les couleurs y sont, que tous les traits sont gravés : rien manque à ton visage Ciboulette. J'ouvre les yeux et l'image change pas ; y a qu'une Ciboulette qui est à deux endroits en même temps : devant moi et dans ma tête. Devant moi pour une minute et dans ma tête pour toujours. *(Il va vers elle et prend sa tête entre ses mains.)*

CIBOULETTE — Embrasse-moi, doucement, Tarzan… *(Il l'embrasse en l'effleurant.)*

CIBOULETTE — Embrasse-moi fort comme un vrai amoureux. *(Il l'embrasse sur les lèvres mais elle se dégage.)* Est-ce que j'ai la manière Tarzan ? Est-ce que je pourrais être une amoureuse ?

TARZAN — Oui, Ciboulette.

CIBOULETTE — Est-ce que je suis raisonnable aussi ?

TARZAN — Plus que toutes les autres filles.

CIBOULETTE — Qu'est-ce que ça veut dire « raisonnable » ?

TARZAN — Ça veut dire « qui comprend ».

CIBOULETTE — Embrasse-moi encore Tarzan. *(Il la serre très affectueusement dans ses bras et l'embrasse. Mais ils se séparent quand ils entendent des bruits et des voix.)*

TIT-NOIR — On l'a eu, on l'a eu, Tarzan.

Entrent Moineau et Tit-Noir tenant Passe-Partout par les bras.

MOINEAU — Y était caché dans la cour de Johny. Il comptait l'argent.

PASSE-PARTOUT — Lâchez-moi, vous me faites mal. Lâchez-moi.

MOINEAU — Oui, on va te lâcher, attends. *(Moineau jette un coup d'œil à Tit-Noir qui comprend tout de suite. Ensemble ils poussent Passe-Partout qui tombe à plat ventre aux pieds de Tarzan.)*

MOINEAU — Le v'là chef.

TIT-NOIR — Livraison rapide et courtoise.

CIBOULETTE — C'est Judas!

Il y a un long silence. Tarzan ne se décide pas à parler et Passe-Partout n'ose se relever.

MOINEAU — Qu'est-ce qu'on lui fait, chef?

TARZAN, *étrange* — Appelle-moi pas chef, appelle-moi, Tarzan.

TIT-NOIR — Veux-tu qu'on le secoue un peu, Tarzan?

TARZAN — Non. On n'a pas le temps et on se salirait les mains. *(Doucement, à Passe-Partout.)* Relève-toi Passe-Partout. *(Passe-Partout se relève lentement, très apeuré.)* Donne l'argent, Passe-Partout.

PASSE-PARTOUT — Quel argent, Tarzan? J'ai pas d'argent.

TARZAN — Tu sais ce que je veux dire. Donne. Fais vite, on est pressé. *(Tarzan jette un regard à Ciboulette comme si elle seule pouvait comprendre. Passe-Partout tire lentement l'argent de sa poche et le remet à Tarzan. Tarzan le prend.)* Maintenant, tu peux t'en aller, Passe-Partout.

Mouvement de surprise générale.

TIT-NOIR — Quoi?

TARZAN — Va-t'en tout de suite, Passe-Partout, parce que si t'es pas parti dans dix secondes, je te massacre le portrait.

Passe-Partout regarde tout le monde et sort en reculant. Tit-Noir lui donne un croc-en-jambe et le fait trébucher.

PASSE-PARTOUT — Non, pas ça, je veux pas, je veux pas.

TARZAN — Tit-Noir! Laisse-le sortir… c'est moi qui mène ici.

PASSE-PARTOUT, *qui s'est relevé* — Merci, Tarzan, merci… je t'ai pas trahi, je t'ai pas trahi… c'est pas moi qui l'ai dit.

TARZAN, *crie soudain* — Va-t'en.

Passe-Partout sort en courant.

CIBOULETTE — C'est mieux comme ça, Tarzan. T'as bien fait. Maintenant, faut que tu partes toi aussi. T'es en danger si tu restes plus longtemps.

TARZAN — Pas tout de suite. Je vais séparer l'argent avant.

TIT-NOIR — Mais, t'es fou!

MOINEAU — On n'en veut pas nous autres. C'est toi qui en as besoin, pas nous autres.

TARZAN — Vous en avez besoin autant que moi et vous avez pas à répliquer.. Tiens, Tit-Noir, prends ça. *(Il lui tend une liasse de billets.)*

TIT-NOIR — Non, Tarzan, je peux pas.

TARZAN — C'est la dernière fois que je te demande de m'obéir, Tit-Noir... la dernière fois... prends : t'en auras besoin si tu veux te marier un jour. *(Il lui met l'argent dans la poche.)* V'là ta part, maintenant, Moineau. Avec, t'apprendras la musique, tu deviendras un bon musicien et personne te dira après que tu sais pas jouer.

MOINEAU — Quand tu seras parti, la musique m'intéressera plus.

TARZAN — Demain, t'auras oublié ce que tu viens de dire. Prends ton argent, tu l'as gagné. *(Il le lui met de force dans la main puis il leur tourne le dos et remonte la scène un peu.)* Une dernière chose maintenant... Je veux que vous me laissiez seul avec Ciboulette. Partez sans parler, c'est le dernier service que vous pouvez me rendre.

TIT-NOIR — Tarzan, je...

TARZAN — Fais ce que je t'ai demandé, Tit-Noir.

MOINEAU, *à Tit-Noir* — Viens... Bonsoir chef... Bonne chance, chef. *(Il se met à jouer de l'harmonica et se retire lentement.)*

TIT-NOIR, *ému* — Salut mon Tarzan... Bon voyage...

Ils sortent. Ils s'éloignent et la musique avec eux. Ciboulette se dirige lentement vers Tarzan.

CIBOULETTE — Pourquoi que t'as fait ça ?

TARZAN — Le restant, c'est pour toi... je t'ai jamais rien donné... Ce sera mon premier cadeau. Avec, t'achèteras tout ce que tu veux... donne rien à tes parents... tu t'achèteras une robe, un collier, un bracelet... tu t'achèteras des souliers neufs et un petit chapeau pour le dimanche. *(Il lui prend la main et dépose l'argent dedans ; il lui ferme les doigts autour.)*

CIBOULETTE — T'as beaucoup changé depuis une minute.

TARZAN — Je suis pas venu ici pour trouver de l'argent, je suis venu pour t'embrasser et te dire que je t'aimais.

CIBOULETTE — Faut que tu partes alors et que tu m'emmènes avec toi si c'est vrai que tu m'aimes. L'argent ce sera pour nous deux.

TARZAN — Je peux pas faire ça, Ciboulette.

CIBOULETTE — Pourquoi ?

TARZAN — Parce que je suis fini. Tu t'imagines pas que je vais leur échapper ?

CIBOULETTE — Tu peux tout faire quand tu veux.

TARZAN — Réveille-toi, Ciboulette, c'est passé tout ça... Je m'appelle François Boudreau, j'ai tué un homme, je me suis sauvé de prison et je suis certain qu'on va me descendre.

CIBOULETTE — Pour moi, t'es toujours Tarzan.

TARZAN — Non. Tarzan est un homme de la jungle, grand et fort, qui triomphe de tout : des animaux, des cannibales et des bandits. Moi je suis seulement qu'un orphelin du quartier qui voudrait bien qu'on le laisse tranquille un jour dans sa vie, qui en a par-dessus la tête de lutter et de courir et qui aimerait se reposer un peu et être heureux. *(Il la prend dans ses bras.)* Regarde-moi... vois-tu que je suis un peu lâche ?

CIBOULETTE — Mais non, t'es pas lâche. T'as peur, c'est tout. Moi aussi j'ai eu peur quand ils m'ont interrogée ; j'ai eu peur de parler et de trahir, j'avais comme de la neige dans mon sang.

TARZAN — Je vous avais promis un paradis, j'ai pas pu vous le donner et si j'ai raté mon coup c'est seulement de ma faute.

CIBOULETTE — C'est de la faute de Passe-Partout qui t'a trahi.

TARZAN — Si Passe-Partout m'avait pas trahi, ils m'auraient eu autrement, je le sais. C'est pour ça que j'ai pas puni Passe-Partout. C'est pour ça que je veux pas de votre argent. Ce serait pas juste et je serais pas capable d'y toucher. C'est de l'argent qui veut plus rien dire pour moi puisque tout est fini maintenant. J'ai tué. Si je t'avais aimée, j'aurais pas tué. Ça, je l'ai compris en prison. Mais y est trop tard pour revenir en arrière.

CIBOULETTE — Veux-tu dire qu'on aurait pu se marier et avoir des enfants ?

TARZAN — Peut-être.

CIBOULETTE — Et maintenant, on pourra jamais ?

TARZAN — Non.

CIBOULETTE — Tarzan ! Si on se mariait tout de suite ! Viens, on va s'enfermer dans le hangar et on va se marier. Viens dans notre château ; il nous reste quelques minutes pour vivre tout notre amour. Viens.

TARZAN — Tu serais deux fois plus malheureuse après.

CIBOULETTE — Ça m'est égal. Je suis rien qu'une petite fille, Tarzan, pas raisonnable et pas belle, mais je peux te donner ma vie.

TARZAN — Faut que tu vives toi. T'as des yeux pour vivre. Faut que tu continues d'être forte comme tu l'as toujours été même si je dois te quitter… pour toujours.

CIBOULETTE — Quand un garçon et une fille s'aiment pour vrai, faut qu'ils vivent et qu'ils meurent ensemble, sans ça, ils s'aiment pas.

TARZAN — Pauvre Ciboulette. On sera même pas allés au cinéma ensemble, on n'aura jamais marché dans la rue ensemble, on n'aura jamais connu le soleil d'été ensemble, on n'aura jamais été heureux ensemble. C'est bien ce que je te disais un jour : être amoureuse de moi, c'est être malheureuse.

CIBOULETTE — Mais non. On fait un mauvais rêve et il faut se réveiller avant qu'il soit trop tard.

On commence à entendre les sirènes de police en arrière-plan.

TARZAN — Y est trop tard, Ciboulette. Écoute, on entend les sirènes. Moineau, Tit-Noir et Passe-Partout sont partis, je les reverrai jamais. On est tout seuls et perdus dans la même cour où on a rêvé au bonheur, un jour. T'es là dans mes bras et tu trembles de froid comme un oiseau. Mes yeux sont grand ouverts sur les maisons, sur la noirceur et sur toi; je sais que je vais mourir mais j'ai seulement qu'un désir : que tu restes dans mes bras.

CIBOULETTE — Embrasse-moi... une dernière fois... pour que j'entende plus les voix de la mort... *(Il l'embrasse avec l'amour du désespoir. Les sirènes se rapprochent sensiblement.)* Maintenant, tu vas partir, Tarzan. Tu vas surmonter ta peur. Tu penseras plus à moi. T'es assez habile pour te sauver.

TARZAN — Et t'auras cru en moi jusqu'à la fin. J'aurais pas dû revenir, Ciboulette; comme ça t'aurais eu moins de chagrin.

CIBOULETTE — Mais non, Tarzan, t'as bien fait, t'as bien fait. L'important maintenant c'est que tu penses à partir.

TARZAN — T'as raison, Ciboulette. *(Il la laisse et se dirige vers l'ouverture de la palissade. Il regarde un peu au loin et il revient.)* Ça va pas tarder. Dans cinq minutes, ça va être pourri de policiers ici. Je les sens venir.

CIBOULETTE — Faut que tu te dépêches, Tarzan.

TARZAN — Oui, Ciboulette. *(Il s'écarte d'elle et se dirige dans la gauche, il regarde l'ouverture entre les deux maisons puis de nouveau il revient vers Ciboulette.)* Par là, je me découvre tout de suite.

CIBOULETTE — Passe par les toits comme t'es venu.

TARZAN — C'est le seul chemin possible, je pense. *(Il se dirige du côté des toits, il regarde, il inspecte puis il s'approche de son trône, se penche, soulève la caisse et prend son pistolet. Puis il revient vers Ciboulette.)* Écoute. Je sais qu'ils vont me descendre au tournant d'une rue... Si je pouvais me sauver, je le ferais, mais c'est impossible.

CIBOULETTE — Il te reste une chance sur cent, faut que tu la prennes.

TARZAN — Non. Y est trop tard. J'aime mieux mourir ici que mourir dans la rue. *(Il vérifie le fonctionnement du pistolet et le met dans sa poche.)* J'aime mieux les attendre. Quand ils seront là, tu t'enfermeras dans le hangar pour pas être blessée. S'ils tirent sur moi, je me défends jusqu'à la fin, s'ils tirent pas, je me rends et ils m'emmènent.

Les sirènes arrivent en premier plan et se taisent.

CIBOULETTE — T'es lâche, Tarzan.

TARZAN — Ciboulette !

CIBOULETTE — Tu veux plus courir ta chance, tu veux plus te battre et t'es devenu petit. C'est pour ça que tu m'as donné l'argent. Reprends-le ton argent et sauve-toi avec.

TARZAN — Ça me servira à rien.

CIBOULETTE — Si t'es encore un homme, ça te servira à changer de pays, ça te servira à vivre.

TARZAN — C'est inutile d'essayer de vivre quand on a tué un homme.

CIBOULETTE — Tu trouves des défaites pour oublier ta lâcheté. Prends ton argent et essaie de te sauver.

TARZAN — Non.

CIBOULETTE — Oui. *(Elle lui lance l'argent au visage.)* C'est à toi. C'est pas à moi. Je travaillais pas pour de l'argent, moi. Je travaillais pour toi. Je travaillais pour un chef. T'es plus un chef.

TARZAN — Il nous restait rien qu'une minute et tu viens de la gaspiller.

CIBOULETTE — Comme tu gaspilleras toute ma vie si tu restes et si tu te rends.

TARZAN — Toi aussi tu me trahis, Ciboulette. Maintenant je te mets dans le même sac que Passe-Partout, dans le même sac que tout le monde. Comme au poste de police, je suis tout seul. Ils peuvent venir, ils vont me prendre encore. *(Il fait le tour de la scène et crie :)* Qu'est-ce que vous attendez pour tirer ? Je sais que vous êtes là, que vous êtes partout, tirez !... tirez donc !

CIBOULETTE, *elle se jette sur lui* — Tarzan, pars, pars, c'était pas vrai ce que je t'ai dit, c'était pas vrai, pars, t'as une chance, rien qu'une sur cent c'est vrai, mais prends-la, Tarzan, prends-la si tu m'aimes... Moi je t'aime de toutes mes forces et c'est là où il reste un peu de vie possible que je veux t'envoyer... Je pourrais mourir tout de suite rien que pour savoir une seconde que tu vis.

TARZAN, *la regarde longuement, prend sa tête dans ses mains et l'effleure comme au premier baiser* — Bonne nuit, Ciboulette.

CIBOULETTE — Bonne nuit, François... Si tu réussis, écris-moi une lettre.

TARZAN — Pauvre Ciboulette... Même si je voulais, je sais pas écrire. *(Il la laisse, escalade le petit toit et disparaît. Un grand sourire illumine le visage de Ciboulette.)*

CIBOULETTE — C'est lui qui va gagner, c'est lui qui va triompher... Tarzan est un homme. Rien peut l'arrêter : pas même les arbres de la jungle, pas même les lions, pas même les tigres. Tarzan est le plus fort. Il mourra jamais.

Coup de feu dans la droite.

CIBOULETTE — Tarzan !

Deux autres coups de feu.

CIBOULETTE — Tarzan, reviens !

Tarzan tombe inerte sur le petit toit. Il glisse et choit par terre une main crispée sur son ventre et tendant l'autre à Ciboulette. Il fait un pas et il s'affaisse. Il veut ramper jusqu'à son trône mais il meurt avant.

CIBOULETTE — Tarzan !

Elle se jette sur lui. Entre Roger, pistolet au poing. Il s'immobilise derrière les deux jeunes corps étendus par terre. Ciboulette pleure. Musique en arrière-plan.

CIBOULETTE — Tarzan ! Réponds-moi, réponds-moi... C'est pas de ma faute, Tarzan... c'est parce que j'avais tellement confiance... Tarzan, Tarzan, parle-moi... Tarzan, tu m'entends pas ?... Il m'entend pas... La mort l'a pris dans ses deux bras et lui a volé son cœur... Dors mon beau chef, dors mon beau garçon, coureur de rues et sauteur de toits, dors, je veille sur toi, je suis restée pour te bercer... Je suis pas une amoureuse, je suis pas raisonnable, je suis pas belle, j'ai des dents pointues, une poitrine creuse... Et je savais rien faire ; j'ai voulu te sauver et je t'ai perdu... Dors avec mon image dans ta tête. Dors, c'est moi Ciboulette, c'est un peu moi ta mort... Je pouvais seulement te tuer et ce que je pouvais, je l'ai fait... Dors... *(Elle se couche complètement sur lui.)*

Fin de la pièce.

RIDEAU

Mot de l'auteur de 1960

La première pièce d'un auteur est comme sa création du monde. Elle renferme déjà les éléments essentiels d'une dramaturgie personnelle : couleurs, verbe, personnages.

Les cinq adolescents de *Zone*, un jour se sont retrouvés et reconnus à travers moi. Ils étaient ce que je pouvais apporter de meilleur à cet âge de ma vie. Ils demeurent aujourd'hui les personnages-clefs, les images premières d'un monde que je ne cesse d'explorer.

Ils portent en eux les thèmes et les oppositions qui composent le paysage humain et lunaire de ma vie. Ils sont entrés dans mon champ de vision, par une issue insoupçonnée, semblable aux ruelles obscures de mon enfance.

Au premier regard, ils n'ont rien de tragique. Leurs allures quotidiennes nous détourneraient facilement d'eux, mais comme ils se demandent devant nous pourquoi ils vivent, leurs dialogues et leurs gestes nous poussent à la compréhension et peut-être à la miséricorde.

Les regarder vivre la triste agonie de leur adolescence, c'est leur permettre d'exprimer, d'une manière souvent malhabile, je le reconnais, une réalité que nous avons tous voulu dénoncer, un jour de notre vie. C'est après avoir dénoncé cette réalité que nous avons accepté de vieillir...

Petite histoire de *Zone*

Zone *a été créée à Montréal, le 23 janvier 1953, lors du Festival dramatique de l'Ouest du Québec, au Théâtre des Compagnons de Saint-Laurent, par l'équipe de La Jeune Scène, et a subi une dernière correction à Paris en mars 1954 avant d'être éditée par la suite, aux* Écrits du Canada français *et aux Éditions de la Cascade du Collège Sainte-Marie.*

La pièce a mérité les trophées Calvert et Arthur B. Wood au concours régional du festival dramatique, lors duquel Monique Miller et Raymond Lévesque remportèrent du même coup les prix d'interprétation chez les comédiens français. Le juge était John Allan, de Londres.

Zone *tint ensuite l'affiche durant deux semaines au Théâtre des Compagnons de Saint-Laurent, après quoi elle fut jouée au « Radio-Théâtre Ford », dans une adaptation de l'auteur. Son deuxième acte fut enregistré pour le Service international des Antilles et une adaptation en trois quarts d'heure, préparée pour le service d'Amérique latine. Des extraits, enregistrés au théâtre même, furent transmis sur les ondes courtes de France. À la clôture des concours régionaux, elle se voyait attribuer le prix Sir Barry Jackson pour la meilleure pièce écrite par un Canadien dans la participation globale du Canada, et toute l'équipe était invitée à représenter l'ouest du Québec à la grande finale qui eut lieu à Victoria, B.C., vers le début de mai. L'équipe remporta le Grand Prix Calvert pour la meilleure participation et son metteur en scène, Robert Rivard, mérita ceux du meilleur comédien et du meilleur metteur en scène. Le juge était Pierre Lefebvre, comédien et metteur en scène du Old Vic de Londres. Une semaine plus tard,* Zone *était interprétée par les mêmes comédiens à la télévision montréalaise.*

Au cours de l'été, la pièce figura au programme des Festivals de Montréal et à celui du Centre d'Art de Sainte-Adèle. Son deuxième acte fut repris au « Radio-Théâtre canadien » en fin de saison. Enfin, en 1960, elle était la première pièce jouée au Théâtre de Marjolaine à Eastman.

Vie et œuvre de Marcel Dubé

1. Repères biographiques

1930	Naissance à Montréal, le 3 janvier.
1935-1942	Cours primaire aux écoles Champlain et Saint-François-Xavier.
1942-1951	Cours classique au Collège Sainte-Marie. Le collège jouxte la salle du Gesù, où Marcel Dubé prend goût au théâtre.
1949	Première publication, à compte d'auteur : *Couleurs des jours mêlés*, recueil de poèmes qui remporte le second prix au Concours littéraire de l'Association catholique de la jeunesse canadienne.
	Fondation d'une troupe de théâtre, La Jeune Scène, avec Pierre Paquette.
1951-1952	Études universitaires en littérature et en histoire à l'Université de Montréal.
1952	Débuts d'écrivain à la radio et au théâtre.
1953-1954	Long séjour en Europe.
1956-1957	Scénariste pour l'Office national du film du Canada.
1958-1965	Membre du comité de rédaction des *Écrits du Canada français.*
1959	Président fondateur de la Fédération des auteurs et des artistes du Canada.
1962-1963	Rédacteur au magazine *Perspectives.*
	Président de la Société des auteurs, recherchistes, documentalistes et compositeurs (SARDeC).
1975-1976	Employé contractuel au ministère des Affaires culturelles.
1977-1979	Secrétaire du Conseil de la langue française.
1979	Président-directeur général et fondateur de la Corporation des rencontres francophones de Québec.
	Président par intérim du Conseil de la langue française.

1980-1982	Fondateur et directeur général du Secrétariat permanent des Peuples francophones.
1982-1991	Membre du conseil d'administration du Secrétariat permanent des Peuples francophones.
1993-1996	Membre élu au Comité des auteurs de la Société des auteurs et compositeurs dramatiques (SACD).
1995-1996	Secrétaire adjoint à la francophonie, SAIQ, gouvernement du Québec.

2. Prix et distinctions

1952	Prix spécial de l'adjudicateur du Festival national d'art dramatique (Dominion Drama Festival) à Saint John, Nouveau-Brunswick, pour *De l'autre côté du mur*.
1953	Prix de la meilleure pièce canadienne et du meilleur spectacle au Festival national d'art dramatique à Victoria, Colombie-Britannique, pour *Zone*.
1955	Prix de la meilleure pièce canadienne au Festival national d'art dramatique à Regina, Saskatchewan, pour *Chambre à louer*.
1958	Admis à la Société royale du Canada.
1959	Médaille du Gouverneur général du Canada au Festival national d'art dramatique à Montréal pour *Chambre à louer*, présentée par le Cercle Molière de Saint-Boniface (meilleure pièce canadienne originale du festival).
1966	Prix Victor-Morin de la Société Saint-Jean-Baptiste de Montréal.
	Prix Athanase-David du gouvernement du Québec.
1984	Prix Molson du Conseil des Arts du Canada.
1985	Doctorat honorifique ès Lettres de l'Université de Moncton.
	Médaille de l'Ordre des francophones d'Amérique.
	Présidence d'honneur du Salon du livre de l'Outaouais.
1987	Médaille de l'Académie canadienne-française ; reçu membre de ladite Académie.
1991	Insigne de Chevalier de l'ordre de la Pléiade de l'Assemblée internationale des parlementaires de langue française.

	Reçu membre d'honneur du PEN club international, section Québec.
1993	Reçu officier de l'Ordre national du Québec.
1995	Prix Hommage, Gala des Masques.
2001	Mérite du français, domaine culturel, remis par l'Office de la langue française.
	Reçu officier de l'Ordre du Canada.
2002	*La côte de sable* nommée « Œuvre magistrale » par le Trust pour la préservation de l'audiovisuel du Canada.
2005	Prix du Gouverneur général pour les Arts de la scène.
2006	Sociétaire adjoint à la SACD-France.
	Membre d'honneur de l'Union des écrivaines et des écrivains québécois (UNEQ).
	Prix hommage Quebecor.

3. Œuvre dramatique[1]

3.1 Principaux textes dramatiques pour la scène, la télévision et le cinéma

1950	*Le bal triste** (s)
1952	*De l'autre côté du mur* (s, t; trad. en anglais), *Zone* (s, t, r; trad. en anglais)
1954	*Chambre à louer** (s, t), *Octobre* (s, t, r)
1955	*Le naufragé* (s, t), *Le barrage** (s)

1. L'œuvre de Marcel Dubé est colossale : elle comprend plus de trois cents titres (pièces de théâtre, scénarios, dramatiques pour la radio, télé-théâtres, textes pour la danse, traductions, adaptations, feuilletons, documentaires, nouvelles, poèmes, roman, articles, livres sur l'art, etc.). Et un même texte a souvent été créé à la fois sur scène, par exemple, et à la télévision. Ne sont recensées ici que les œuvres dramatiques principales, classées par date d'écriture, et suivies de leurs plateformes de diffusion (« s » pour scène, « t » pour télévision, « r » pour radio, « c » pour cinéma) et de la liste de leurs éventuelles traductions. Un astérisque (*) placé après le titre indique que le texte est inédit; pour une liste chronologique des publications, on se référera à la page « Du même auteur » au début de cet ouvrage.

1957	*Un simple soldat* (s, t; trad. en anglais et en hongrois), *Florence* (s, t; trad. en arménien)
1958	*Paradis perdu* (t), *Le temps des lilas* (s, t, r; trad. en anglais)
1959	*L'aiguillage* (t, r), *Équation à deux inconnus** (s, t)
1960	*Bilan* (s, t), *Le visiteur* (t), *Les frères ennemis* (t)
1965	*Les beaux dimanches* (s, c; deux trad. anglaises)
1966	*Au retour des oies blanches* (s, t; trad. en anglais, en roumain, en chinois et en serbe)
1968	*Un matin comme les autres* (s), *Virginie* (t), *Pauvre amour* (s, t)
1969	*Avant de t'en aller* (s), *Le coup de l'étrier* (s, t), *La cellule* (t)
1971	*L'échéance du vendredi* (t), *Entre midi et soir* (t), *Médée* (t; trad. en anglais)
1972	*Le père idéal* (t), *Manuel* (t), *Portés disparus** (t), *Jérémie* (argument d'un ballet, musique de Lee Gagnon, s)
1974	*L'impromptu de Québec ou Le testament* (comédie musicale, s)
1975	*Qui perd gagne** (version pour la télé du *Testament*), *L'été s'appelle Julie* (s)
1976	*Fleur de lit** (argument d'un ballet, musique de Claude Léveillée, s)
1977	*Le réformiste ou L'honneur des hommes* (s)
1985	*Le trou* (s)
1986	*L'Amérique à sec* (s)
1990	*Les naufragés du Labrador** (c, t)

3.2 Téléromans[2]

1961-1962	*La côte de sable** (72 épisodes de 30 minutes, t)
1963-1966	*De 9 à 5** (108 épisodes de 30 minutes, t)
1983-1985	*La vie promise** (72 épisodes de 30 minutes, t)

2. Tous diffusés hebdomadairement à la télévision de Radio-Canada.

TABLE

ACHEVÉ D'IMPRIMER
EN JUIN 2018
SUR LES PRESSES
DE MARQUIS IMPRIMEUR
POUR LE COMPTE DE
LEMÉAC ÉDITEUR, MONTRÉAL

DÉPÔT LÉGAL
2e ÉDITION : 2e TRIMESTRE 2013
(ÉD. 02 / IMP. 06)